和モダン手づくり年賀状

ちぎり絵
消しゴムはんこ
芋版クラフト
スタンプ&コラージュ
紙版画
紋切り遊び

日貿出版社

手づくり年賀状で

紋切り遊び
下中菜穂

芋版クラフト
丹花浩子

ちぎり絵
ウメチギリ

新しい年のごあいさつ

紙版画
佐川ヤスコ

スタンプ&コラージュ
LEAF & LeaF

あけまして
おめでとうございます
本年もよろしくお願い致します

消しゴムはんこ
オリボン社bora

bora

はじめに

本書では、六名の人気作家による「和モダン」な年賀状のアイデアを多数紹介しました。いずれも身近な素材を使い、切ったり、貼ったり、彫ったり、押したりするだけで、手軽に素敵な年賀状を作ることができます。忙しくてなかなか時間の作れない方は、一枚だけ手づくりして、必要な枚数をプリントしても良いでしょう。

ほんのり和風のものから、日本の伝統美を伝えるものまで、多彩な作例の中から、お好みのものを選び、そのままお手本にしたり、アレンジを加えたりして、毎年の年賀状づくりにお役立てください。

作って楽しく、送って喜ばれる「手づくりの年賀状」。今年は一枚一枚、真心を込めて仕上げてみませんか？

日賀出版社　編集部

目次

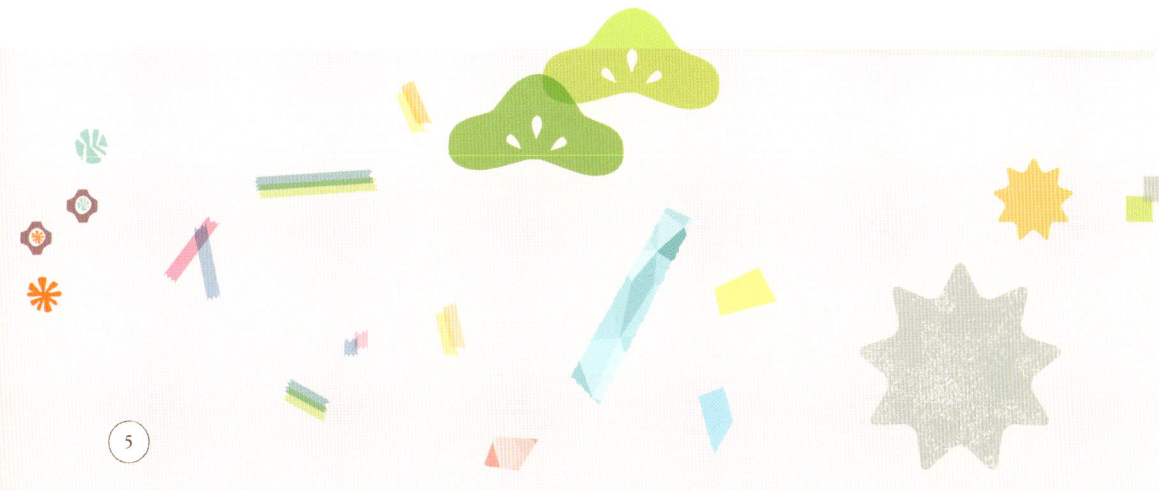

「年賀はがき」以外でも年賀状として送れますか？

●私製はがきを年賀状として使う場合は、一般郵便物と区別する必要があるため、切手の下に「年賀」と朱記しましょう。宛名面の上部には「郵便はがき」「郵便ハガキ」「POST CARD」などの表記も忘れずに。

●大きな紙をはがきサイズにカットして使う場合は、長辺が14.0～15.4cm、短辺が9.0～10.7cm、一枚の重さが2～6gという規定に合わせます。「郵便はがき（通常はがき）」と同等以上の紙質・厚さが目安です。規定外になる場合は、郵便局の窓口で料金を確認しましょう。

●2gに満たない薄い紙でも、裏に厚手の紙を全面密着させて貼れば、はがきとして送ることができます。

いつまでに投函すれば良いですか？

●年賀状を元日に届けるためには、年賀状受付開始日から12月25日頃までに投函しましょう。

●年賀状が元日に間に合わない場合は、遅くとも松の内（元日から1月7日まで）に届くように心掛けましょう。松の内を過ぎたら、「寒中見舞い」として送るのが一般的です。

宛名面で気をつけることはありますか？

●はがきの宛名面は、白色または淡い色が一般的です。濃い色の紙をはがきとして使う場合は、配達する時に宛先が読みやすいよう、白色や淡い色の紙を貼って宛先を書きましょう。

●宛名面に通信文を書く場合は、宛名面の二分の一以内に収めましょう。

配達途中ではがれたりしませんか？

●紙や薄い布などのパーツをはがきに貼る場合は、パーツ全面を密着させて貼ります。この時、一枚の重さが6gを超えないように注意しましょう。

●はがきを封筒に入れて送れば、一番安心です。切手の下に「年賀」と朱記すれば、封書でも、「年賀特別郵便」として扱われます。なお、封筒に入れる場合、厚みが1cmを越えると定形外になるので注意しましょう。

本書をお役立ていただくために

●本書の作例で使用している色や柄は、一つの例としてご参照ください。類似のものやご自分のお好きなものなど、自由に置き換えていただいて構いません。

●本書では、各作家ごとに使用している道具・材料を紹介していますが、ぴったり同じものをそろえなくても、身の周りで入手できる同等のものであれば、代用できます。

●カッターや彫刻刀など刃物を使用する場合は、怪我のないよう、お取り扱いに十分ご注意ください。

●本書に掲載されている作例は、営利を目的としない個人的な通信物や印刷物に、自由にお使いいただけます。ただし、本書の作例を無断で商業印刷物へ複写・転載したり、営利目的で利用することは、著作権法にて禁じられておりますので、ご注意ください。

楽しい手づくりの年賀状

ちぎり絵

▶8頁～

スタンプ＆コラージュ

◀42頁～

消しゴムはんこ

▶18頁～

紙版画

◀54頁～

芋版クラフト

▶28頁～

紋切り遊び

◀66頁～

ちぎり絵

ウメチギリ

色を選ぶ、紙と遊ぶ

ふだん絵を描いたり色を塗ったりすることが苦手だという方でも、色を「選ぶ」ということはできると思います。好きな色、好きなトーンは人それぞれです。ですから、ちぎり絵をする前に、まず紙を「選ぶ」ところから始めてみてください。これいいな、と思う紙の色や模様などがきっと見つかるはずです。和紙がなかなか手に入らないという方は折り紙で構いません。あるいは、雑誌や包装紙などのきれいな紙でもいいでしょう。大事なことは自分が「いいな」と思えるかどうかなのです。

私たちは、毎日さまざまな選択をしています。今身に着けている洋服も、カバンや靴も、家の中の家具や食器や、カーテンの色もすべて、さまざまな条件の中で自分が選択しているのです。

ですから、ちぎり絵を始める際にも、難しく考えずにまずは選ぶことを楽しんでみてください。初めは真似《まね》で構いません。でも真似をしているうちに、ここはこうしたい、という自分の好みが出てきます。それが「自分らしさ」だと思うのです。そういう自分のアンテナを大事にしていくと、手作りの中にもその要素がちりばめられて、きっとお気に入りの作品に仕上がると思います。

基本の道具・材料

はがき（台紙）

お好みのものを使いましょう。

パーツを保管する容器

ちぎったパーツは、散らばらないように容器に入れておきます。時間がある時にたくさんちぎって容器にためておくと、必要な時にすぐに使えて便利です。

下敷き

使い古した布や紙、何でもOKです。新聞紙は、和紙にインクがつきやすいので避けましょう。

平筆

筆先の平たい、刷毛のような筆。のりを塗る時に使います。細かい部分に塗る時は、筆先の角を使います。

鉛筆

イメージ通りにちぎるのが難しい時は、鉛筆で薄く下描きをして、鉛筆の線に沿ってちぎりましょう。

和紙

原料となる繊維が洋紙に比べて長いので、ちぎった時に端が毛羽立ち、和紙ならではの風合いが楽しめます。

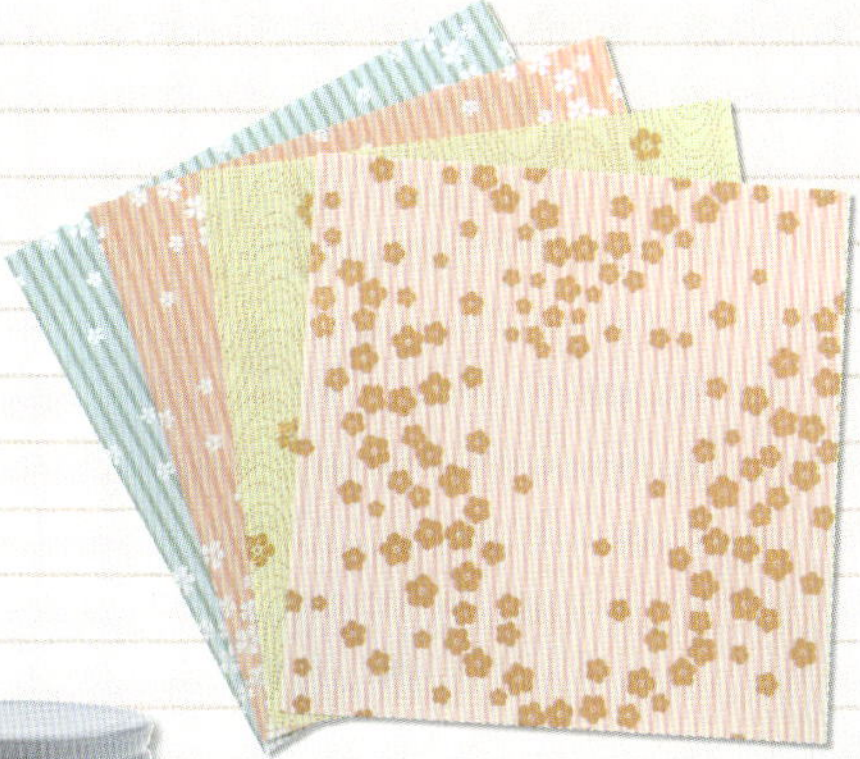

千代紙

色刷りされた模様を生かして使います。和紙よりもちぎりやすいので、小さなパーツに適しています。

のり

でんぷんのりを使用します。容器に入れてぬるま湯で薄めたものを用意します（10頁参照）。

のりを薄めるための容器

小さな空き瓶を使います。ふた付きのものだと、そのまま保管できて便利です。

色紙《いろがみ》

折り紙などで使う色紙は、和紙よりも薄くてちぎりやすく、カラフルでポップな仕上がりが楽しめます。

紙の目について

和紙や千代紙、色《いろ》紙《がみ》など、紙の種類によって、厚さや強度などの特性も異なります。例えば、「たて目」と「よこ目」のように紙目があったり（図1）、からみ合うような太い繊維が入っているものもあります（図2）。

それぞれの特性を生かしながら楽しんでみてください。

図1

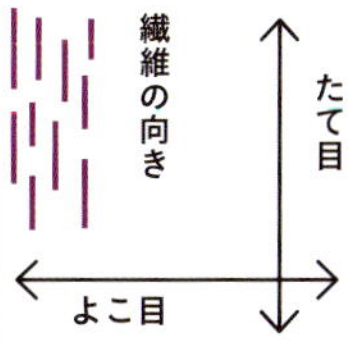

図2

寿《ことぶき》

カラフルな色紙《いろがみ》を使って、「寿」の文字をちぎりましょう。色紙はちぎると端に白い部分が出るので、文字の線が立体的に見えます。

1 はがきからはみ出さないように、はがきの幅に合わせて色紙を用意します。折り目をつければ手で簡単にちぎれます。

機械で
断裁された
直線部分は
使わない

細長くちぎる

2 「寿」のパーツを、細長くちぎります。親指と親指を合わせ、紙の端から手前に向かってちぎっていきます。なお、紙の端は機械的な直線なので、ちぎり絵には使いません。あらかじめちぎり落としておきましょう。

3 細長いパーツがそろったら、はがきの上に仮置きします。書き順が先のパーツが下になるよう、一番下から重ねていきます。

4 「寿」の「、」の入るスペースに合わせた色紙を用意します。

5 五弁の花のパーツを作ります。紙を回しながら、半円を描くようにちぎっていきます。親指で押さえ、指先のカーブに沿わせるようにして、周りをちぎっていくと、親指で隠したところが丸く残ります。

のりの薄め方

ふた付きの容器に、でんぷんのりとぬるま湯を**約1対2の割合**で入れて、筆でよく溶きます。ふたをして振ると、よく混ざります。のりが緩んで、とろみが出るくらいが目安です。

固いようなら、ぬるま湯を少しずつ足して混ぜてください。

6 花びらが１枚できたら、花びらが５枚作れるように、配分をイメージします。

7 花びら一枚一枚を、親指のカーブに沿わせるようにしてちぎっていきます。

8 小花模様の千代紙から、小花部分をちぎります。紙の端から使いたい部分を目指して道をつけ、丸くちぎります。これを花芯のパーツにします。

9 すべてのパーツをはがきに重ね、全体のバランスを見ながら、位置を決めます。

10 花芯を裏返して下敷きに置き、指先で押さえます。平筆で花芯の裏にのりを塗ります。

11 のりを塗り終えたら、筆に花芯を貼りつけるようにして持ち上げます。

12 筆をひっくり返してのりのついた面を下に向け、花の中心にのせます。上からとんとんと押さえて貼り、花の完成です。

13 仮置きしたはがきから、「寿」の一画目を抜き取ります。

14 横画のパーツは、天地が逆になるように裏返して下敷きに置き、のりを塗ります。

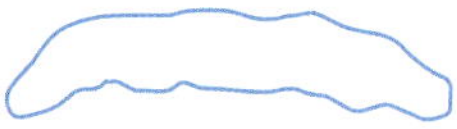

15 筆先で持ち上げて表に返し、仮置きを見ながら位置を確認して、本番用のはがきに貼ります。位置がずれても、乾かないうちは、はがして貼り直せるので、大丈夫。二画目以降のパーツも同様にして貼ります。

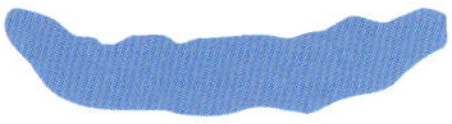

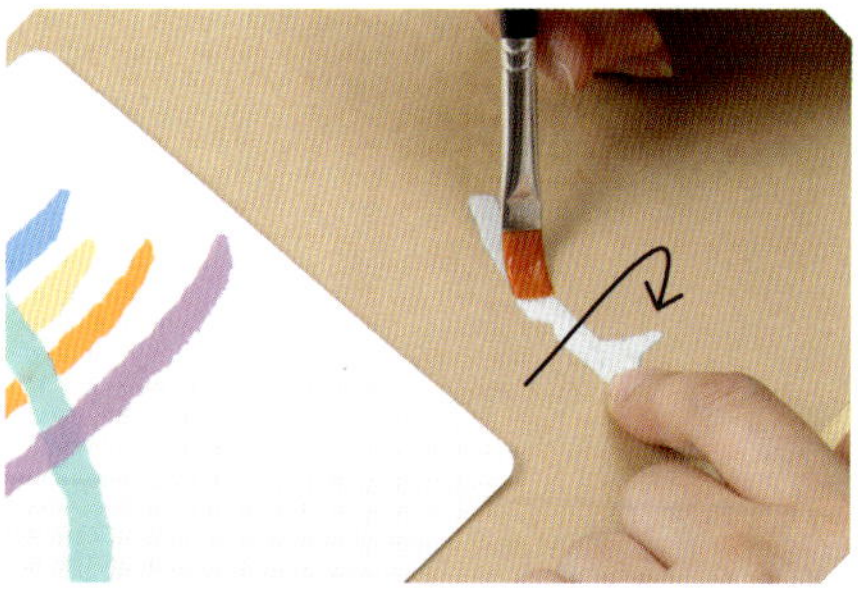

16 縦画のパーツは、左右が逆になるように裏返して下敷きに置き、のりを塗ります。

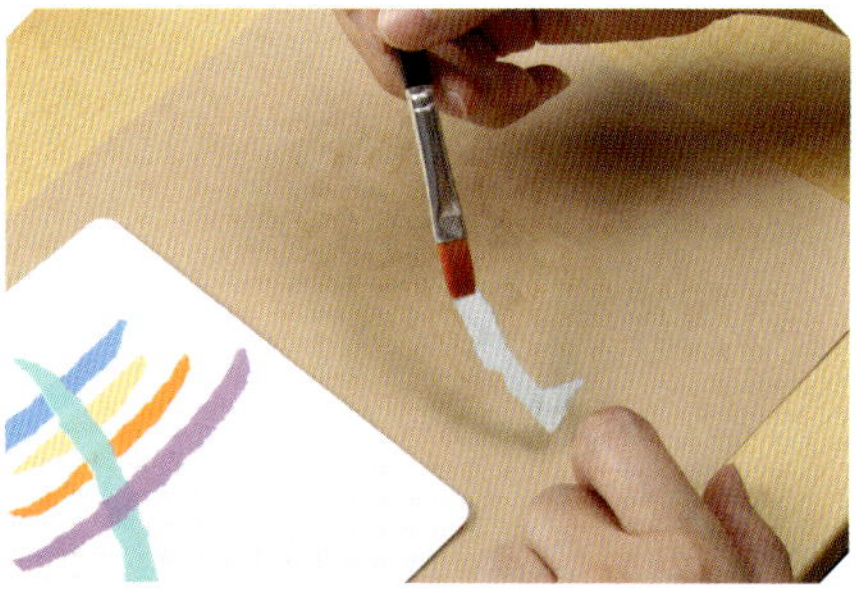

17 パーツを持ち上げ、筆をひっくり返してのり面を下にします。位置を確認して、本番用のはがきに貼ります。

18 花のパーツも裏返して、中央から外側に向かってのりを塗ります。本番用のはがきに貼ります。

19

完成です。

できた！

簡単な花の作り方

しずく型のパーツを5枚用意して貼れば、五弁の花が簡単に表現できます。真ん中に花芯を貼れば、すき間が隠れます。

富士山

富士山の絵に花と鳥を組み合わせた「ワンポイントちぎり絵」です。鳥の形にちぎっていくのが難しい場合は、鉛筆で薄く下描きすると良いでしょう。

1 筆ペンで、富士山の絵を描き、お好みの文字を書き入れます。

2 作りたいモチーフのサイズに合わせて和紙をちぎります。手の中に収まる大きさにすると、ちぎりやすいです。

3 花と鳥の形にちぎります。鳥は、紙の角をくちばしの先端とし、くちばし→翼→尾→翼→くちばしのアウトラインを、紙を回しながら切り抜いていくようなイメージで、手前に手前にちぎって一周します。

4 はがきにのせて、それぞれの貼る位置を決めます。

5 花のパーツは、裏側にのりをつけ、一枚ずつ貼っていきます。上図の順番で貼ると、バランスよく貼れます。

6 花のパーツが貼り終わりました。

7 鳥のパーツも同様にして貼ります。のりが乾くまでは、再度はがして貼り直せるので、全体のバランスを見て位置を調整しましょう。

8

完成です。

お好きな色で！

参考作品

シンプルだけど
お正月らしい羽根つき。

縁起物の
南天のモチーフ。

千代紙の柄を生かした、
だるまちゃん。

希望ふくらむふうせんを
線画と合わせて。

くまさんのプレートの中に、
手書きメッセージを添えて。

金が入ると、
華やかなイメージに。

消しゴムはんこ

オリボン社 bora（ぼら）

消しゴムはんこの小さな楽しみ

毎月、初心者さんに向けた消しゴムはんこ教室をしております。その中でも人気の高いのが、年賀状の消しゴムはんこです。はんこの配置や、スタンプインクの配色でオリジナルの年賀状が簡単に作れます。また、身近な道具を使って、短時間で制作できるのが、人気の理由の一つと思います。

まず、小さなはんこで練習して、慣れてきたら重ね押しなどの少し複雑なはんこにもチャレンジしてみてください。

基本の道具・材料

はがき

お好みのものを用意してください。

消しゴム板

消しゴムはんこ用の消しゴム板を使います。私は、シード「ほるナビ」を愛用しています。表面に色がついていて、彫り跡が分かりやすく便利です。硬さには「普通」と「かため」があります。本書では「普通」を使用しています。

カッター（カッターナイフ）

オルファ「万能M厚型」。小型ながら段ボールも切れるので、消しゴム板もカットしやすいです。

デザインカッター

NTカッター「デザインナイフ」を使用しています。30度の刃先を使うと、細かいところも彫りやすいです。

消しゴム・ボールペン・シャープペンシル

下絵を描いたり、転写する時に使用します。

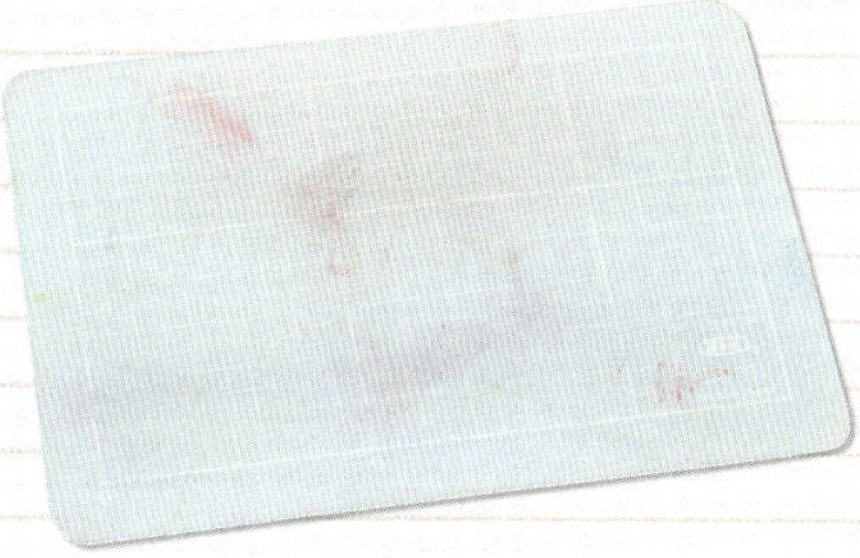

カッティングマット

カッターを使う時、机を傷つけないよう下に敷きます。小さなサイズのもので充分です。

トレーシングペーパー

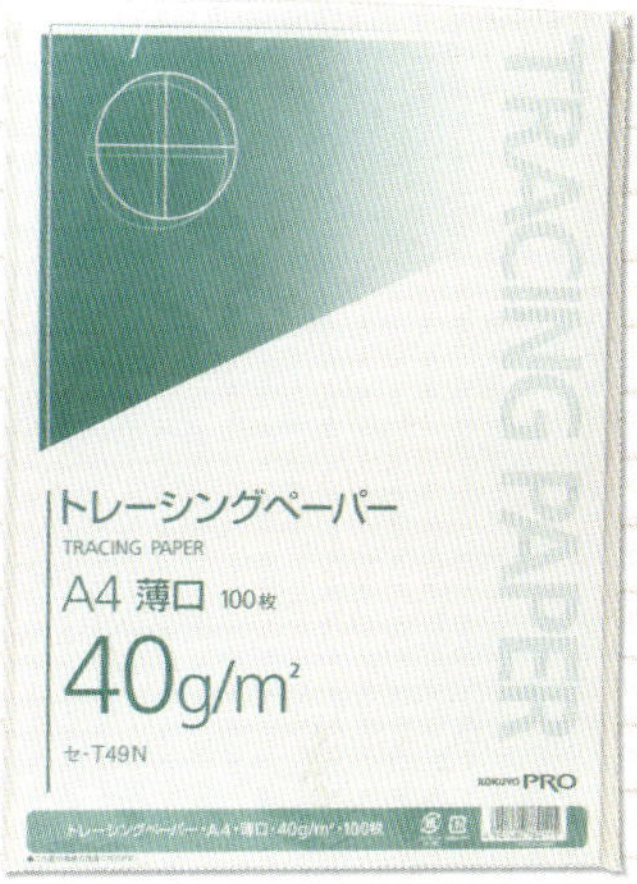

下絵を転写する時に使います。消しゴム板とセットで販売されている場合もあります。

スタンプインク

いろいろな種類のものが市販されています。お好みの色をいくつかそろえましょう。

ひと工夫！

スタンプインクは、スポンジの見た目の色と押した時の色とが微妙に違うので、押した時の色が分かるようにラベルを作って、貼っています。ラベルは、自分で作ったはんこをシールに押したものです。

スタンプインクが入っている木の箱は、教室でも使用しているものです。プラスチックが苦手で、箱も手づくりです。軽くて気に入っています。

トリと松と梅

初心者さんでも手軽に作れるよう、小さな縁起物のモチーフ3点で年賀状を作りました。はがきの下辺に入れるアクセントは、はんこの連続押しで簡単に作れます。

1 彫りたい図案を用意します。目的に合わせて、拡大縮小しても良いでしょう。

2 トレーシングペーパーを図案に重ね、鉛筆やシャープペンシルでなぞって写します。マスキングテープで固定すると、ずれずに写せます。

3 2のトレーシングペーパーを裏返し、鉛筆の線が消しゴム板の表面につくようにのせて、こすって転写します。

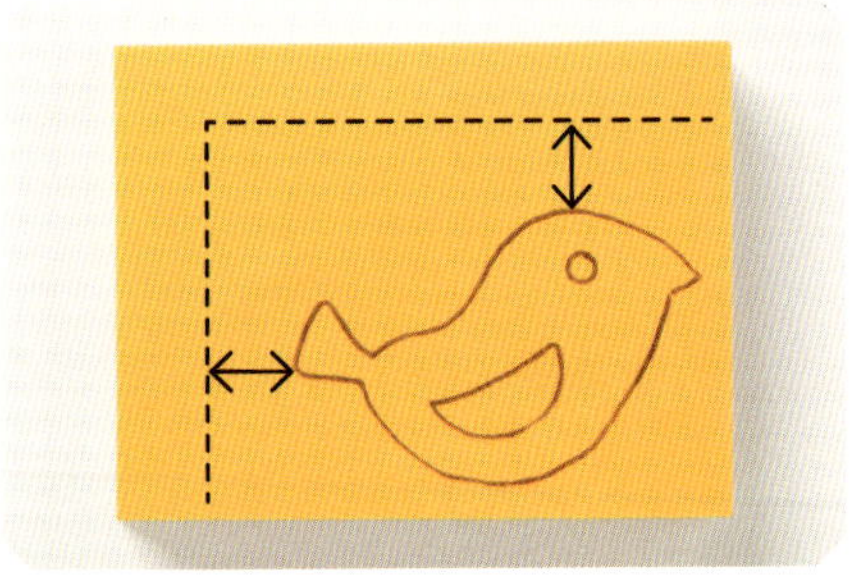

4 図案の周囲2～3mmを残し、カッターナイフで切り分けます。

5 デザインカッターは鉛筆を持つように持ち、斜め45度に傾けます。

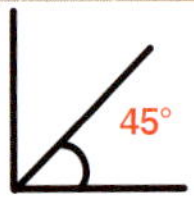

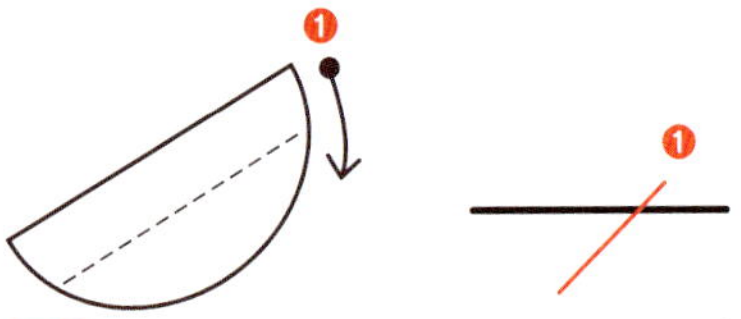

6 羽根の部分をくり抜きます。まず、❶のラインに沿って刃を斜め45度に入れます。消しゴムを動かしながら刃を進めます。

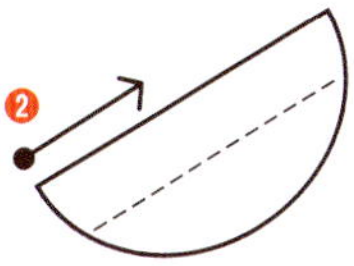

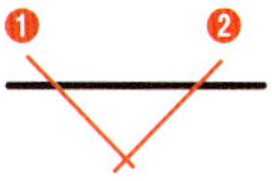

7 消しゴムを180度回転させて、❷のラインに沿って刃を入れます。抜きたい部分の真ん中で切り込みが合わさるよう、カッターを進めます。

8 羽根のところが彫れました。彫り跡がV字型の溝になります。

9 目はじゃがいもの芽をくり抜くように刃の先を浅く入れて一回転させます。難しければ、つまようじを真っすぐ下に刺してください（少し小さな目になります）。

10 輪郭線の周囲に溝を彫ります。まず、輪郭線から外側に向けて刃を入れ、一周ぐるり。

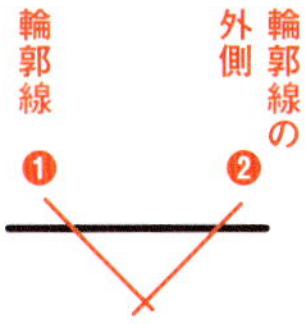

11 消しゴムを180度回転させ、❶の2～3mm外側から内側に向けて刃を入れ、❶と逆回りに一周します。

12 輪郭線の周りにV字型の溝ができました。

13 余分なところをカッターナイフで切り落としていきます。

▼

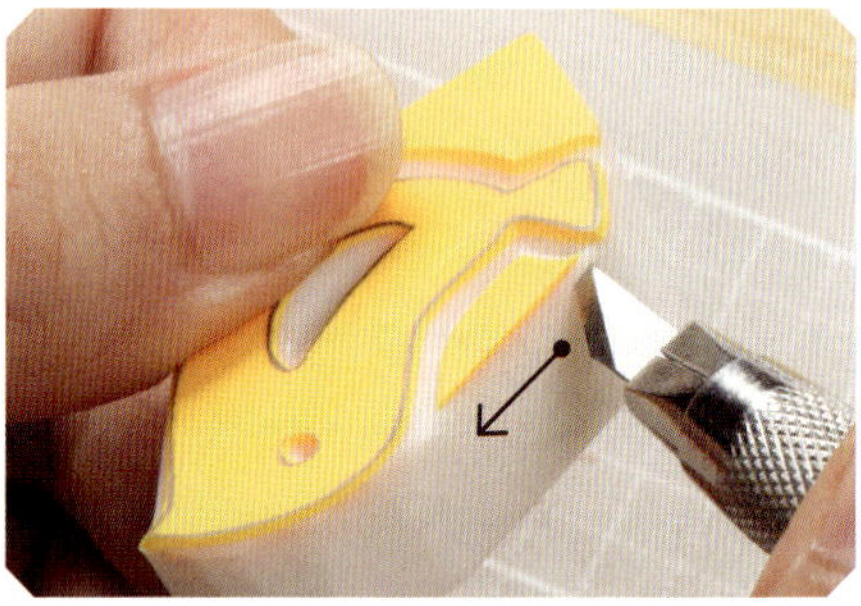

14 切り落としづらい背中や尾の部分は，デザインカッターの刃を水平に差し入れ、スライスして１～２mmほど低くします。

▼

15 消しゴムはんこの完成です。

16 スタンプインクを手に持ち、上からトントンとまんべんなく印面につけます。

▼

17 いらない紙に試し押しをして、仕上がりをチェックしましょう。

▼

18 他の図案も、同様に彫ります。

▼

19 長方形を四つ並べたはんこは、はみ出しながら並べて押すと、アクセントになります。

20 それぞれのはんこを、はがきにバランス良く押しましょう。

使用したスタンプインク
バーサクラフト
111　レモンイエロー
157　アッシュローズ
同こまけいこセレクション
K-14　マスカット

押し方のバリエーション

使用するインクの色や押し方で、何通りもできますよ〜。

こちらの6点は、それぞれ同じはんこを使ったアレンジです。
サンプルの通りでもOK。
ご自身の好きな通りでもOK。
自由に楽しんでいただければ…と思います。

あけましておめでとうございます

リースのように押しました

ぱらぱらと散らしたり

あけましておめでとうございます

HAPPY NEW YEAR

大小をいくつかまとめたり

こんぺいとう

賀詞を
センターに
入れて

HAPPY
NEW
YEAR

粋で
シックな
配色で

迎春

花

お正月
らしい
配色で

正方形

あけまして
おめでとうございます

参考作品

20頁のトリの別バージョンです。

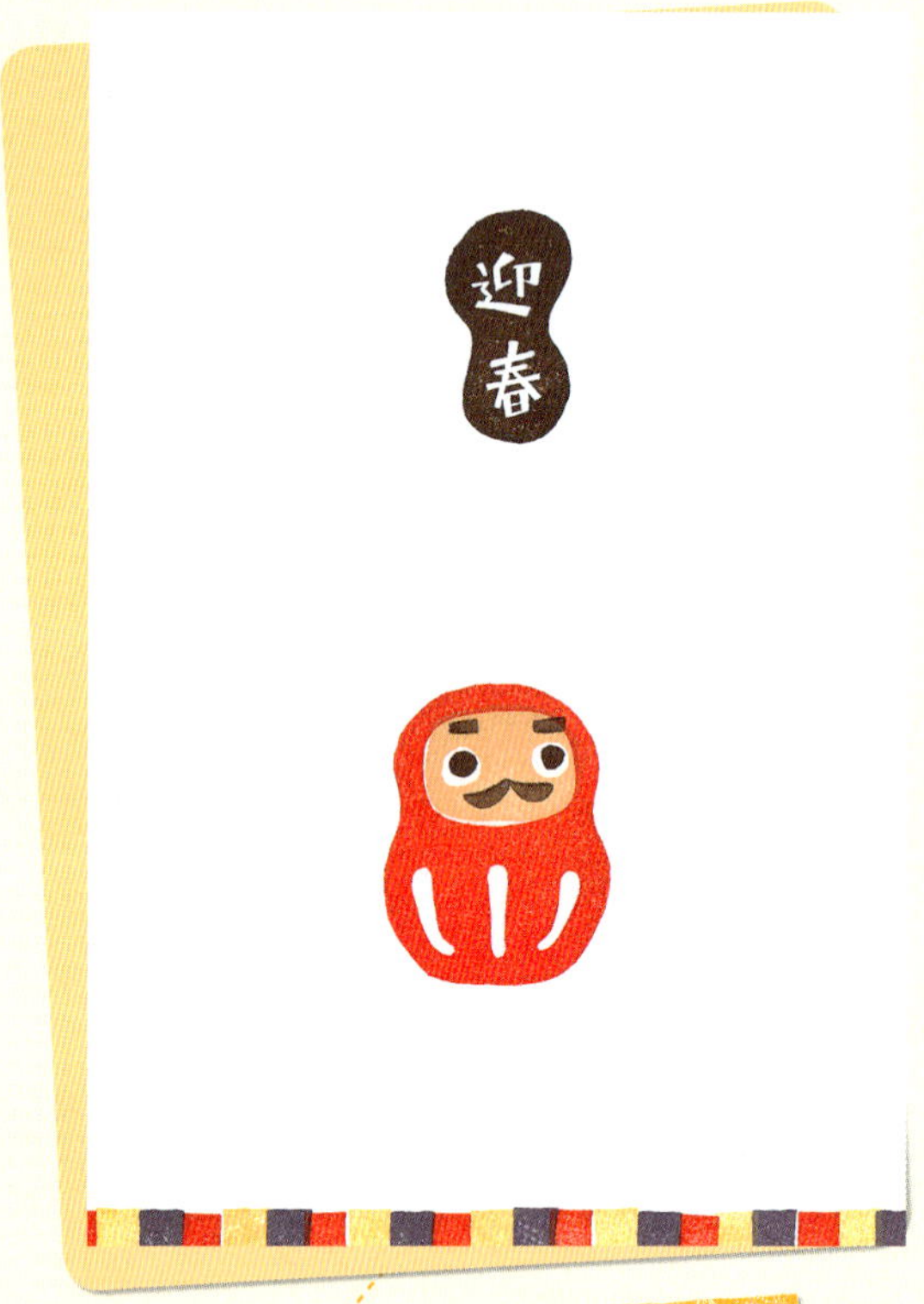

笑顔を描き込んでもOK。

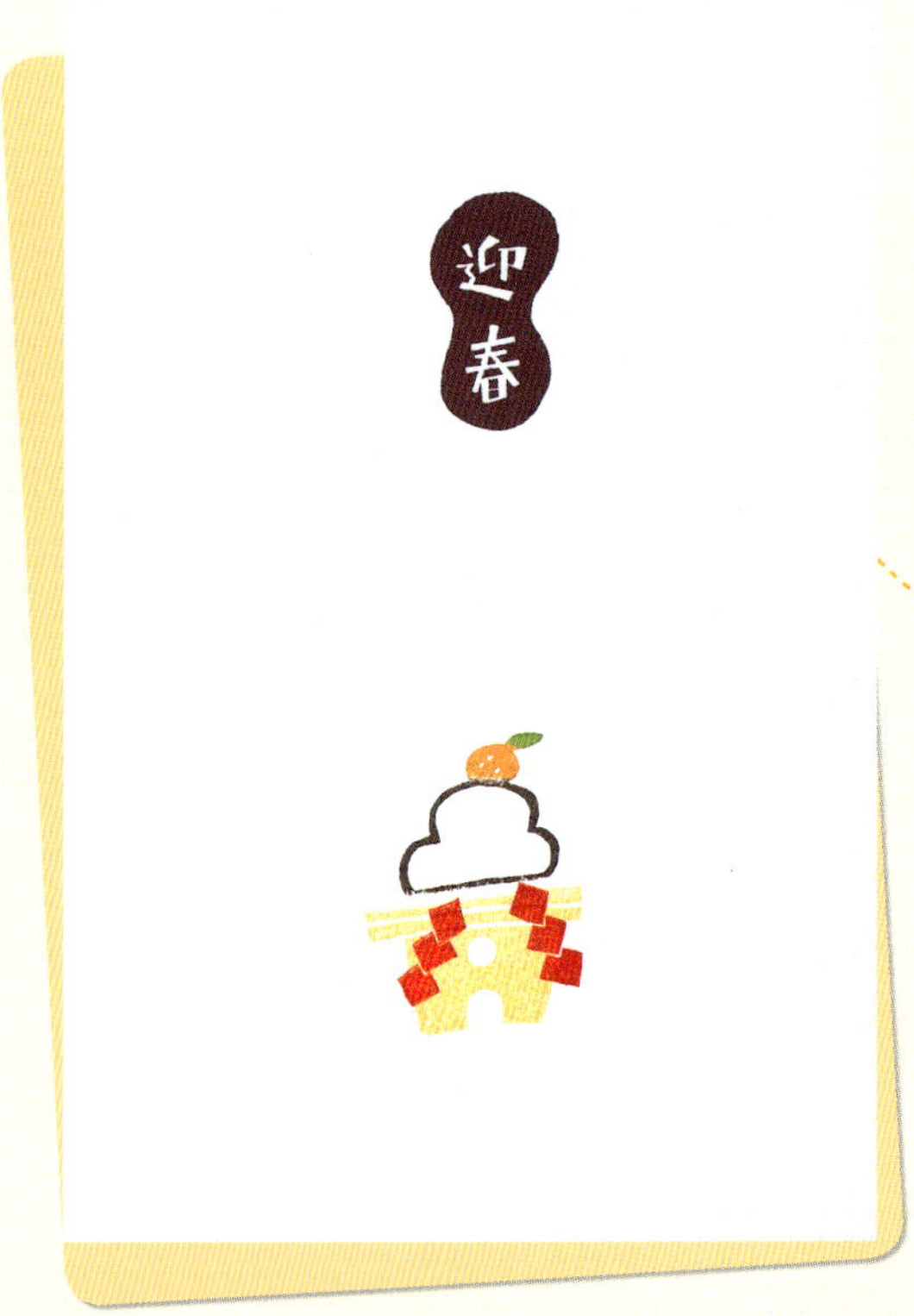

赤い御幣は、乾いてから重ね押しを。

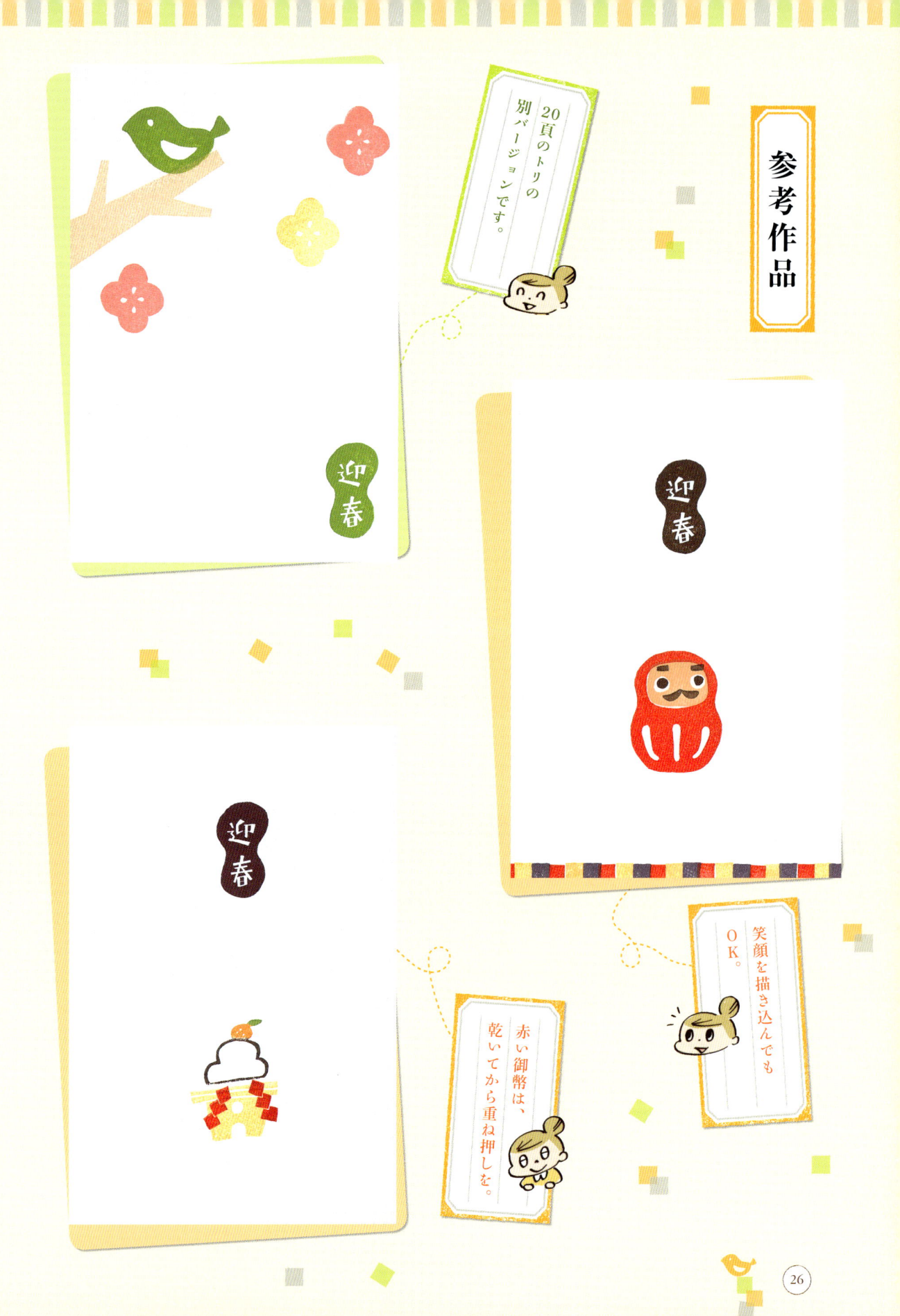

HAPPY NEW YEAR

飛び立つ蝶のように、
上へヒラヒラと。

HAPPY
NEW
YEAR

点線のはんこを
重ね押ししてます。

あけまして
おめでとうございます

年賀状だけではなく、
ぽち袋にも使えます。

芋版クラフト

丹《たん》花《が》浩子

ほっこりあたたかな味わい

サツマイモは、固くてきめ細かく水分もあるので芋版にピッタリ。自然素材のため、ひとつひとつ模様の出かたが違い、カスレやぼんやりとした線も素朴であたたかみがあります。

サツマイモは大きさが限られていますが、文様を組み合わせたり、連続させたりすることで、様々なアレンジができます。長時間の使用や保存はできませんが、同じものが二度とできないはかなさも、芋版の魅力です。

大切なあの方に、芋版で気持ちを伝えてみませんか。

芋版を楽しむために…

- 上手に彫れていなくても大丈夫。素朴で柔らかな味のある形も、芋版の魅力です。
- 捺《お》す時も、カスレや微妙なズレがある方が、芋版らしい手づくりの味がでます。
- 顔彩は、単色で使うほか、混ぜて作った色を使うと、色彩表現の幅が更に広がります。

基本の道具・材料

サツマイモ

固くて水分の多い新鮮なものを用意しましょう。

ナイフ

切り出しナイフ、肥後守を使っています。切り出しナイフは刃物専門店で購入できます。デザインナイフでも代用できます。

はがき

和紙のはがきを使うと、キレイに仕上がります。

下敷き

書道用のフェルト製を使用。捺す時に敷きます。

顔彩

セットもありますが、各色バラ売りされています。黒は墨でも代用できます。アクリル絵の具、水彩絵の具でも代用できます。

彩色筆

使う顔彩の色数分の本数があればベターです。

包丁（菜切り用）・まな板

サツマイモを切る時に使います。

水注し

顔彩を溶く水を入れておきます。

梅皿

顔彩を溶く時に使います。陶器の皿でも代用できます。

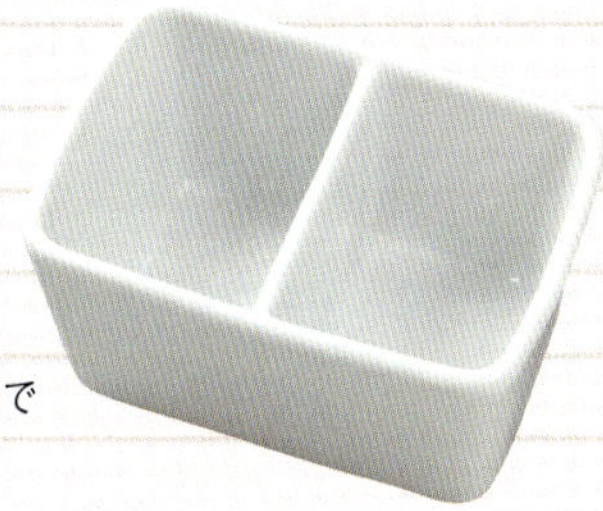

筆洗

家にある空き容器でも充分です。

定規

直線的な図案を描く時に便利です。

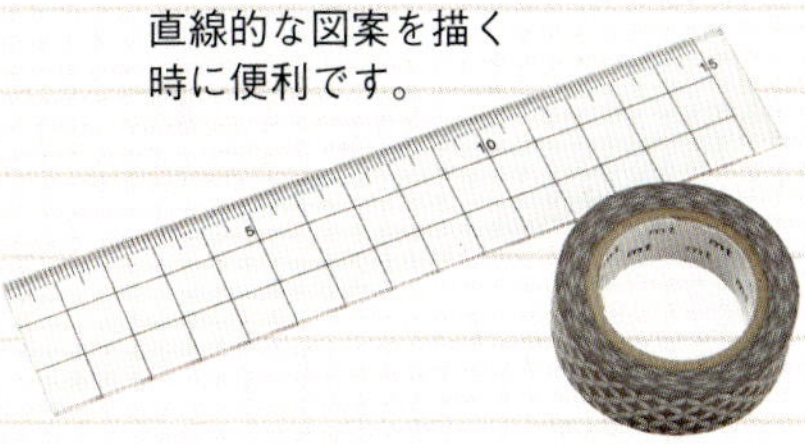

鉛筆・水性ペン

下絵を描く時に使います。水性ペンの代わりに顔彩を使ってもOKです。

マスキングテープ

清書した図案をトレーシングペーパーに転写する時に使います。

方眼用紙

図形的な下絵を清書する時に使うと便利です。

半紙

試し捺しに使います。

トレーシングペーパー

清書した図案を写し、下絵を描きます。

スケッチブック

図案を描く時に使います。

迎春

原寸大図案は
▼36頁

同じ模様をくりかえして捺《お》すことで、繋《つな》ぎ目にまた新しい模様が現れ、そこにまた模様を捺すとアレンジの方法は無限大。

今回は四角の「小花模様」をメインで捺し、そこにできたスペースに「迎春」と「三角」を入れます。

下絵の準備

ここでは、オリジナルの図案から
芋版を作る手順を紹介しています。
作例と同じものを作られる場合は、
36頁の原寸大図案を利用して、
トレーシングペーパーに写してください。

1 スケッチブックなどにはがきサイズに収まる大きさで図案を描きます。

2 図案を清書します。連続模様の場合は、方眼用紙を使用すると便利です。

3 清書した図案の上にトレーシングペーパーを置き、マスキングテープで固定します。水性ペンで「小花模様」の部分を写します。顔彩を筆につけて描いても良いでしょう。

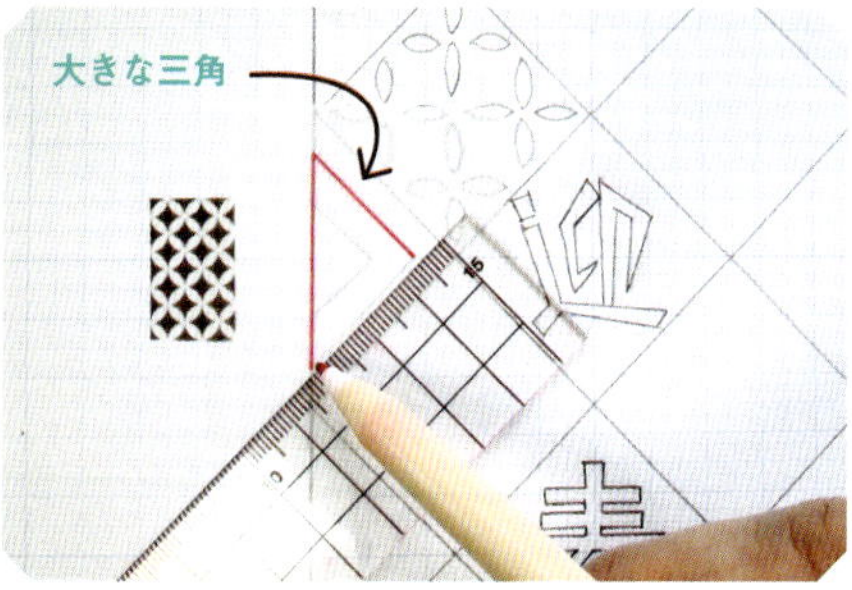

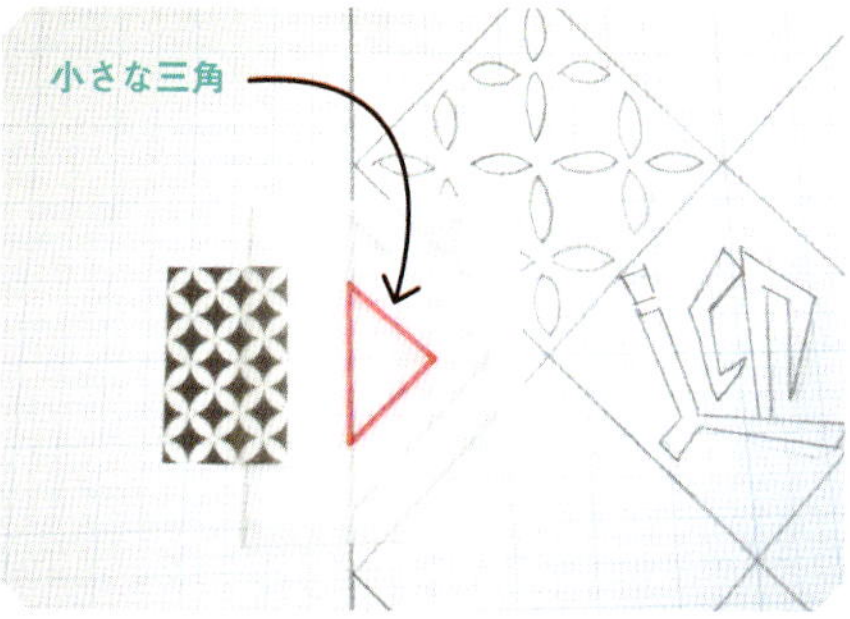

4 「大きな三角」と「小さな三角」を別々のトレーシングペーパーに写します。

5 「迎春」の文字も同様に写し、「迎」と「春」に分けてカットします。

6 これらの6つのパーツの下絵を使用します。右上の「小さな四角」は、2mm四方程度の大きさの四角をトレーシングペーパーに直接描いたものを下絵とします。

下絵を転写する

1 表面を平らにするために薄く切ります。切れ端は捨てずに取っておきましょう。彫り終わった芋版を切れ端の上に伏せて置いておくと、乾燥を防げます（32頁 3 参照）。

2 サツマイモの断面が湿っている間に下絵を転写します。下絵を描いたトレーシングペーパーを、水性ペンや顔彩で描いた面を下にしてサツマイモに伏せます。動かさないように上から手でなでます。サツマイモの水分で、水性ペンや顔彩で描いた下絵が転写されます。

3 下絵を転写したら、トレーシングペーパーを外し、周囲を包丁で切ります

サツマイモを切る

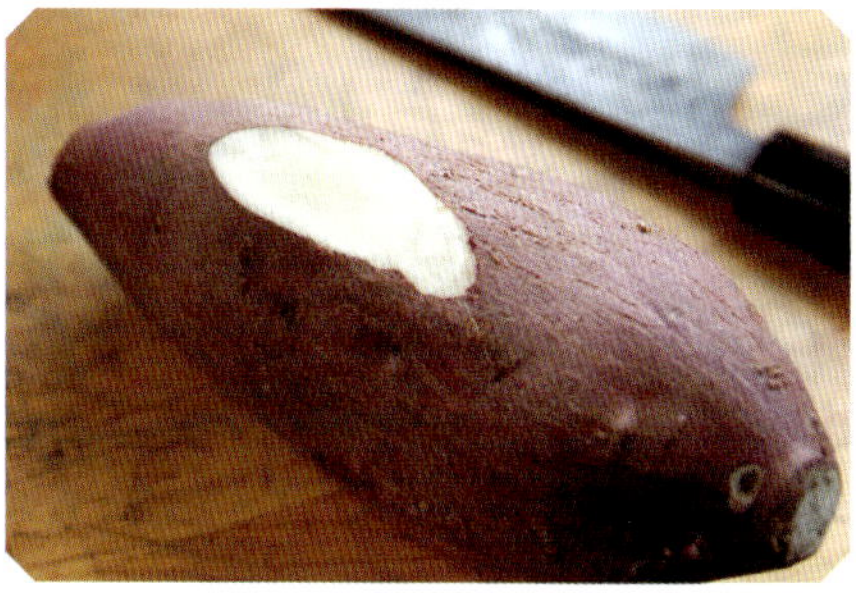

1 サツマイモの側面を少し切り落とします。

2 1で切り落とした部分を下にして、まな板に置きます。こうすると安定します。そして、縦半分に切ります。

3 サツマイモを、下絵より少し大きめの正方形に切っておきます。

サツマイモを彫る

彫り方のポイント

- ナイフは鉛筆を持つ要領で持ち、片方の手でサツマイモを支えます。
- ナイフの刃先を一定の方向に向けたまま、サツマイモを回しながら彫るのがコツです。

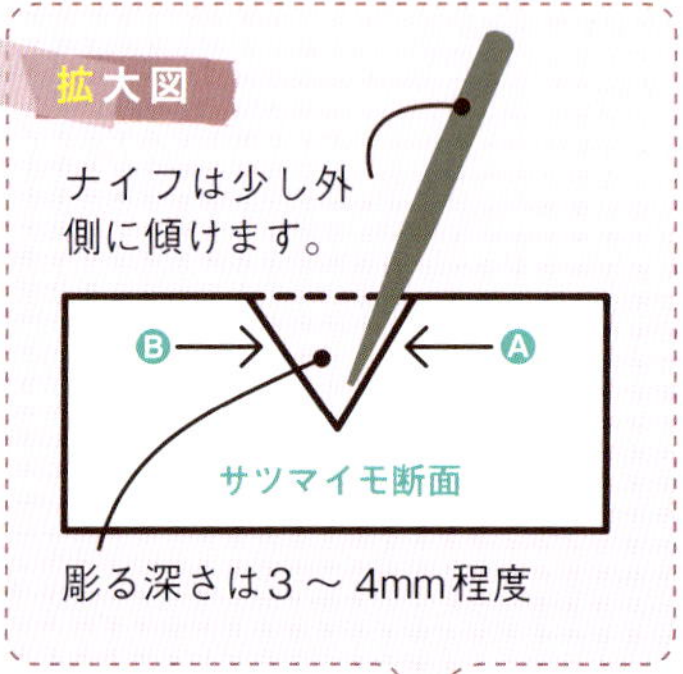

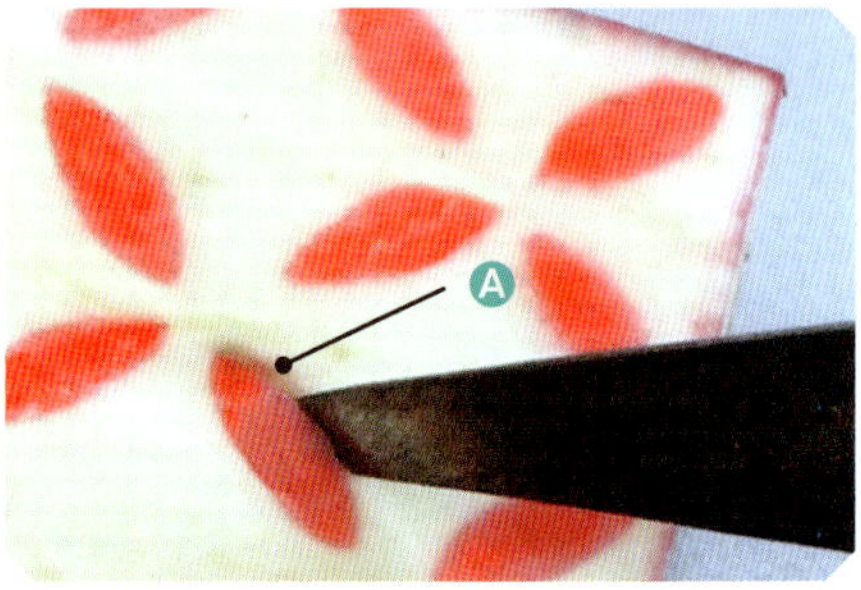

1 まず「小花模様」を彫ります。Ⓐ側の線に沿って、ナイフを少し外側に傾けて、3～4mm程度の深さに彫ります。

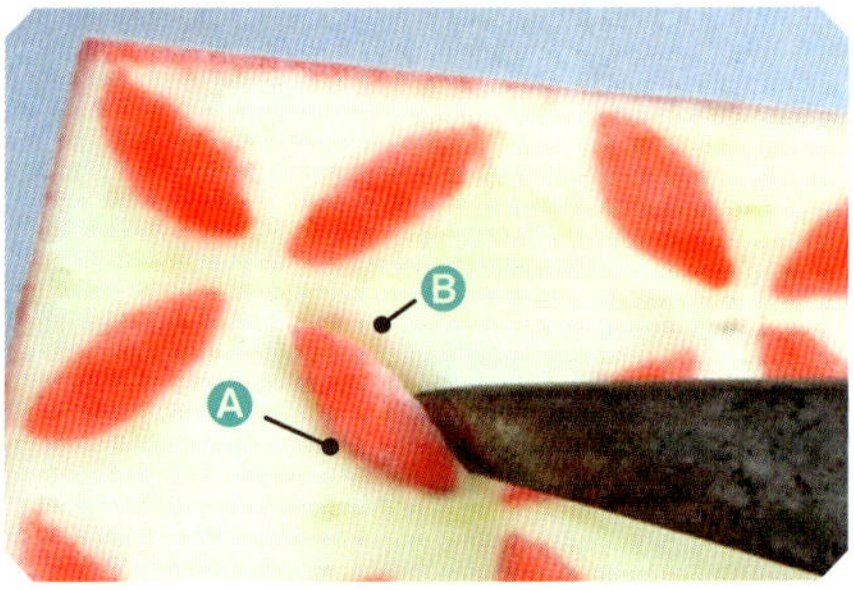

2 サツマイモを180度回転させ、Ⓑ側の線に沿って同様に彫ります。サツマイモの底で、ⒶとⒷの切り込みを少しクロスさせ、V字型の溝を作ります。

3 ナイフの先で刺して、不要な部分を取り外します。他も同様に彫っていきます。彫り終わった芋版は、サツマイモの切れ端の上に伏せて置き、乾燥を防ぎましょう。

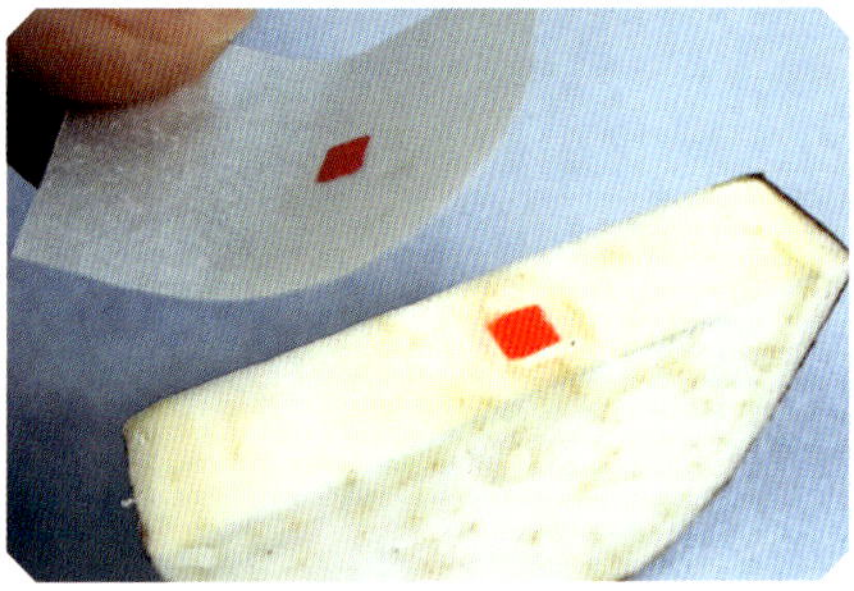

4 下絵「小さな四角」をサツマイモに転写して、周囲を包丁で切ります。

5 下絵「大きな三角」「小さな三角」をサツマイモに転写して、周囲を包丁で切ります。

6 下絵「迎」をサツマイモに転写して、文字の周囲ギリギリを包丁で切ります。
※「迎」は鏡文字になります。

Ⓒ

7 Ⓒ側の線に沿って、ナイフを少し外側に傾けて、3～4mm程度の深さに彫ります。

迎春の文字

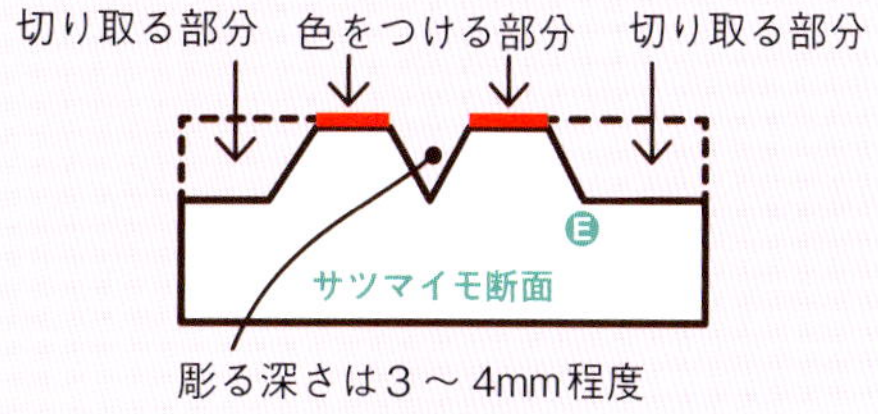
切り取る部分
色をつける部分
切り取る部分
Ⓔ
サツマイモ断面
彫る深さは3～4mm程度

Ⓒ
Ⓓ

Ⓔ

8 サツマイモを180度回転させ、Ⓒより少し外側のところⒹを、同様に彫ってV字型の溝を作ります。ナイフの先をⒺに向けて彫ると、不要な部分が取りやすくなります。

9 横からナイフを入れ、スライドさせて不要な部分をすくい取ります。

10 下絵「春」をサツマイモに転写し、文字の周囲を切ります。「迎」の文字と同様に彫ります。

試し捺し

1 筆に水を含ませて、顔彩を少しずつ溶かし、皿に取ります。顔彩が皿の中で乾燥した場合は、水で溶かしてまた使えます。

2 筆に顔彩を含ませ過ぎないよう、皿の縁で余分な色を落とし、筆を寝かせてサツマイモに塗ります。彫った溝の中に色が溜まらないように、全体を手早く塗ります。

3 「迎」「春」は、文字以外の部分に色がつかないように、全体を手早く塗ります。

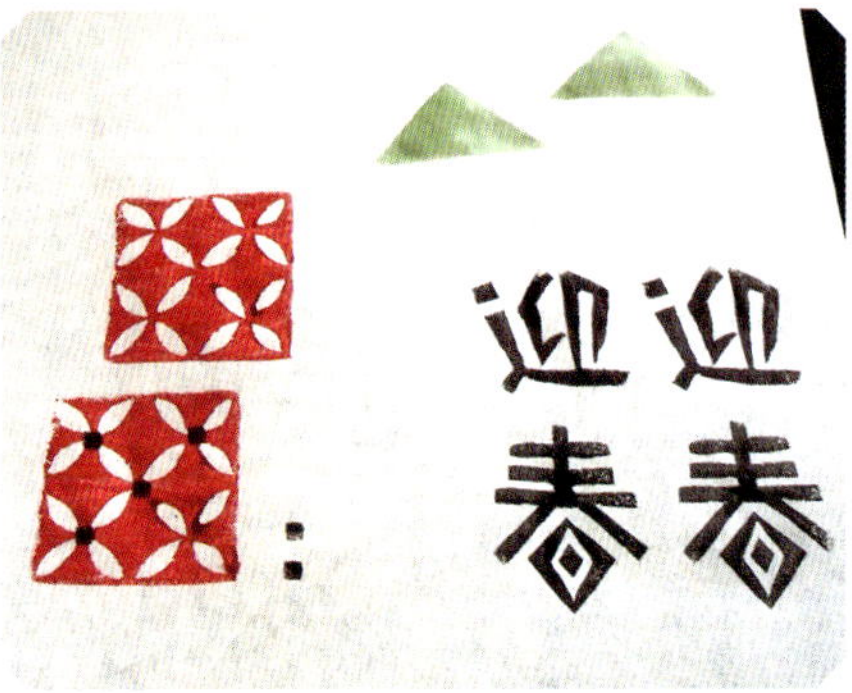

4 下敷きを敷いて、各パーツを半紙に試し捺しします。汚れや気になるところがあれば、芋版を修正し、色や捺し加減を調整します。ここで使用した顔彩の色は下記の通りです。お好みで変えても良いでしょう。

小花模様	**臙脂**（えんじ）
大きな三角	**白緑**（びゃくろく）**＋少量の白**
小さな三角	**黄草**（きぐさ）
小さな四角・迎・春	**黒**

保存方法

芋版は新鮮なその日のうちに捺すのが理想的ですが、食品用のラップで包み冷蔵庫に入れておくと多少は保存できます。ただし、彫った線が細い場合は、日が経つと形がくずれることがあります。

はがきに捺す

1 「小花模様」を６ヶ所捺します。

2 「大きな三角」を周囲６ヶ所に捺します。

3 「小花模様」の色が乾燥してから、「小さな四角」を、「小花模様」の中に各５ヶ所捺します。

4 「大きな三角」の色が乾燥してから、「小さな三角」を「大きな三角」の上に重ねて捺します。

5 「迎」「春」を「小花模様」の間に捺します。

ご自分のサイン
（落款印）も、
芋版で作って
みましょう！
ひ

捺し方のポイント

- 少しかすれ気味のほうが、芋版らしい感じがでます。
- フェルトの下敷きを敷くと、色がきれいにつき、芋版も長持ちします。
- 芋版は両手で持ち、上から均一に徐々に力をかけます。
- 郵便はがきは色をはじきやすいため、市販されている「画仙紙はがき」や「和紙はがき」などに捺すと、キレイに仕上がります。

できた！

完成です。

原寸大図案

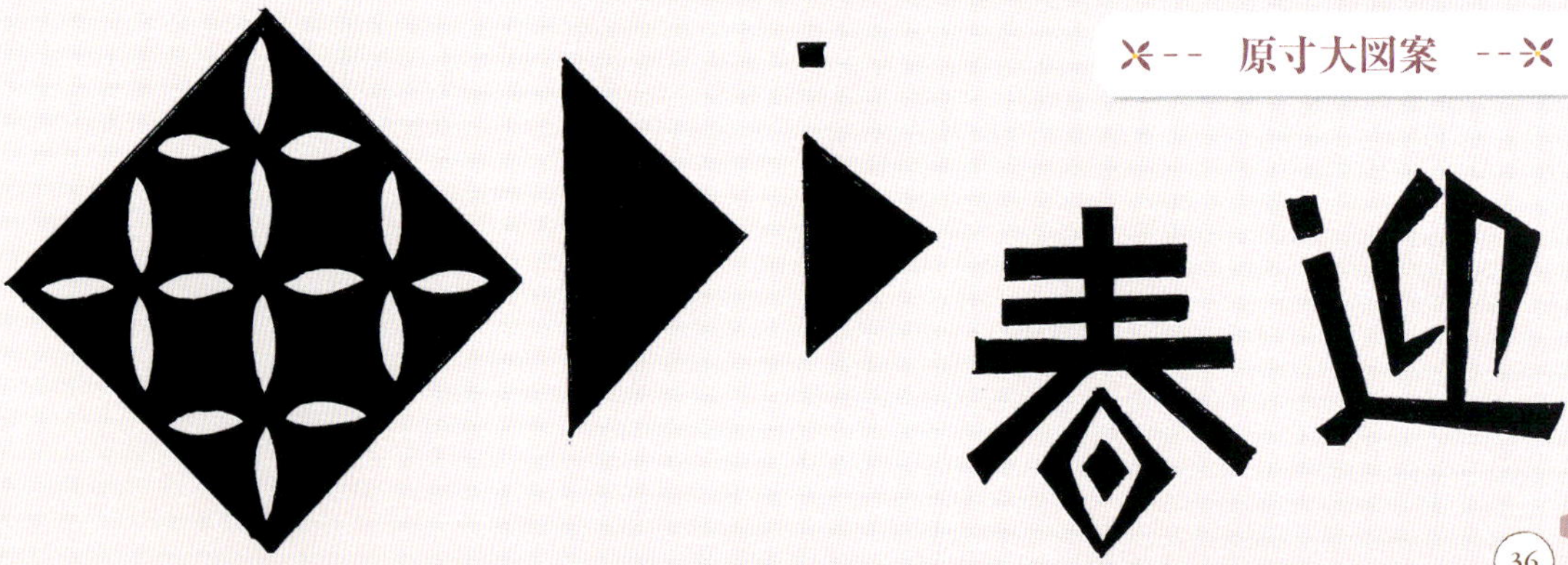

捺し方のバリエーション

手順解説で使用した芋版を使い、レイアウトを変えてアレンジしています。同じパーツを使って、さまざまな捺し方を工夫してみましょう。

参考作品

「ひし形」を８個くり抜いた長方形で、市松模様に。

３cm角の四角に、「梅の花」を丸くくり抜きました。

半円に「梅の花」を彫っています。

縁起の良い「南天」を連続させ、亀甲の形に捺しました。

模様をくり抜いた四角を捺し、乾いてから小さな四角を３色で捺しています。

２種類の三角を使用して、色を塗り分けています。

半円の中に円をくり抜き、周囲四方に捺します。

12mm四方の四角を交互に捺して、市松模様に。

吉祥文様の「七宝」を連続させ「七宝つなぎ」にしました。

３cm角の四角の中に彫った「梅の花」を連続させました。

Ｘ型の模様を両サイドに４個ずつ捺し、小模様を入れていきます。

「梅の花」をアレンジして、連続模様にしました。

「梅の花」と「盃（さかずき）」をデザインしました。

ポチ袋をイメージして作りました。「水引」は金色を使用。

中央に円をくり抜いた模様を連続で6回捺しました。

「迎春」の周りに、小模様をバランス良く配置しましょう。

スタンプ&コラージュ

LEAF & LeaF（リーフリーフ）

手作りカードで、華やかに

コラージュは、写真や絵、新聞紙や切手、布やヒモ…様々な素材を「のりで貼る」技法のことです。好きなもの（素材）、好きな色を組み合わせて、自由な配置でペタペタ貼るだけでも、「自分の好き」が詰まった素敵な一枚を作ることができる簡単なクラフトです。

またスタンプは、きっと皆さんも子どものころ押した記憶があると思います。簡単に楽しめて、また、年賀状のように何枚も作る際、繰り返し使える便利なグッズでもあります。

さらに、今回はマスキングテープを多く使用しました。近年さまざまな色、かわいい柄で販売されていて、コレクターも多くいる人気の文具です。中には、和柄のものもありますので、テープ選びもぜひ楽しんでくださいね。

どれも簡単な技法でありながら、華やかに彩ってくれるクラフトです。何枚も作る年賀状にもぴったりなので、贈る相手を思い浮かべながら…、ぜひ楽しく作っていただきたいです。

基本の道具・材料

はがき（台紙）

郵便はがきでも和紙はがきでもOKです。

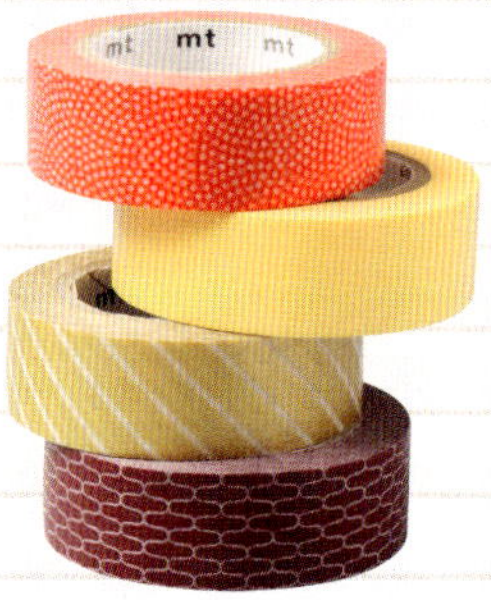

マスキングテープ

本書では、主に和柄のものを使いました。

紙用のり
テープのり

テープのりがあると、手早く作れて便利です。

あけましておめでとうございます
本年もよろしくお願い致します
迎春

市販のスタンプ

賀詞やおめでたい柄などを用意します。

コラージュ用の紙

無地のものや模様入りの和紙や千代紙、箔入りの特殊紙など、お好みに…。

無地の和紙

Color Kiss
Color Kiss
ONYX BLACK

スタンプインク

年賀状には、おめでたい「赤」や「金」などを使います。速乾性のインクがお薦めです。

模様入り和紙

カッター

スポンジダウバー

スタンプインクをふんわりと色付けする際に使用します。

特殊紙

カッティングマット

はさみ

小さなものを切る時は、刃先の細いはさみが便利です。

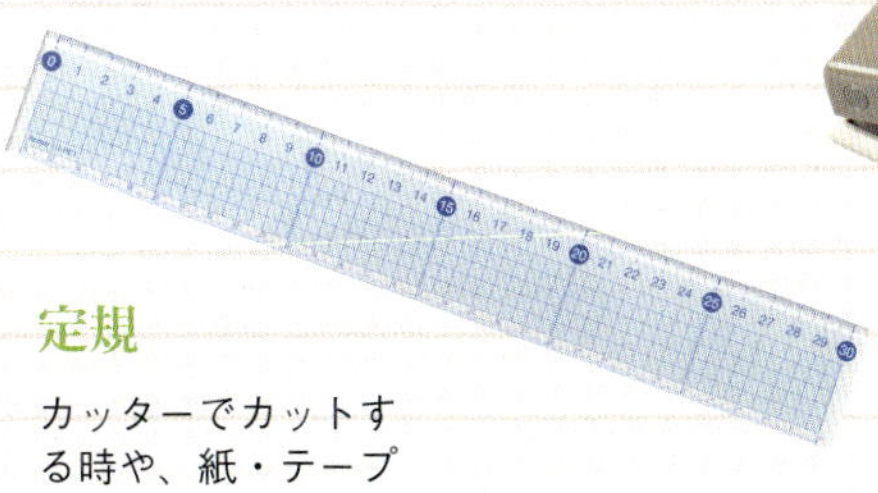

定規

カッターでカットする時や、紙・テープ等を貼る位置を決める時に使います。

クラフトパンチ

簡単に紙を切り抜くことができ、様々な形が市販されています。

手《て》毬《まり》

あけましておめでとうございます
本年もよろしくお願い致します

紙を丸くカットしたものを全体にちりばめて、いくつもの手毬が跳ねているようなイメージです。好きな柄のテープを使って丸く象《かたど》り、重ねてみたり、台紙からはみ出してみたり…、動きが感じられるように貼っていきます。

この作品に使った材料

白い厚紙 ……… **はがきサイズくらい**
マスキングテープ ………… **４種類**
スタンプ …… **賀詞・箔のような模様**
スタンプインク ……………… **金・黒**

スタンプやマスキングテープは、お好みのものを選んでください。

1 白い厚紙に、マスキングテープを２段にしてすき間のないように柄を合わせて貼り、円形のクラフトパンチで型抜きします。はさみやカッターで丸くカットしてもＯＫです。

▼

2 机を汚さないように紙を敷き、スポンジダウバーに金のスタンプインクをつけて、はがきの縁にぽんぽんとのせます。メイク用のスポンジを使っても良いでしょう。

3 スタンプインクを手に持って、賀詞のスタンプ面にインクをのせます。全面にインクがのっているのを確認してから、はがきに押しましょう。スタンプ全体に均等に圧が掛かるようにすると、きれいに押せます。
※賀詞は自分で書いても良いでしょう。

▼

4 円形に抜いた厚紙の裏に、紙用のりをつけ、はがきに貼ります。はがれないように、なるべく縁近くにのりをつけましょう。はがきからはみ出すように貼ると、動きが出ます。

5 厚紙がはみ出した部分は、裏側からはがきの縁を目安にして切り落とします。はさみでカットしてもOKです。

6 箔模様のスタンプに金のインクをつけて、余白部分に繰り返し押します。インクは押すたびに、きちんとつけ直しましょう。

7

完成です。

あけまして
おめでとうございます
本年もよろしくお願い致します

お好きな柄で！

帯重ね

様々な色・柄で、「帯」のような細長いパーツを作り、重ね合わせるようにして、カッチリとした雰囲気に仕上げました。たくさん作る時は、あらかじめ各パーツを必要な枚数分作っておき、最後にまとめて貼り合わせるのがお薦めです。

この作品に使った材料

無地の和紙
…… はがきより大きめのものを２色

マスキングテープ
……… 無地・柄入り・赤系の３種類

白い厚紙 …… 長さ14.8×5.5cm以上

スタンプ …… 賀詞

スタンプインク …… 黒

和紙やマスキングテープ、スタンプは、お好みのものを選んでください。

テープのりをつける

1 はがきの無地面に、上図のようにテープのりをつけ、無地の和紙の裏面に貼ります。周囲にはみ出た和紙をカットします。これをⒶとします。

2 別の色の和紙を約4.5cm幅にカットしますⒷ。白い厚紙を3cm幅Ⓒと2.5cm幅Ⓓにカットします。Ⓑ・Ⓒ・Ⓓの長さは、Ⓐの長辺に合わせます。

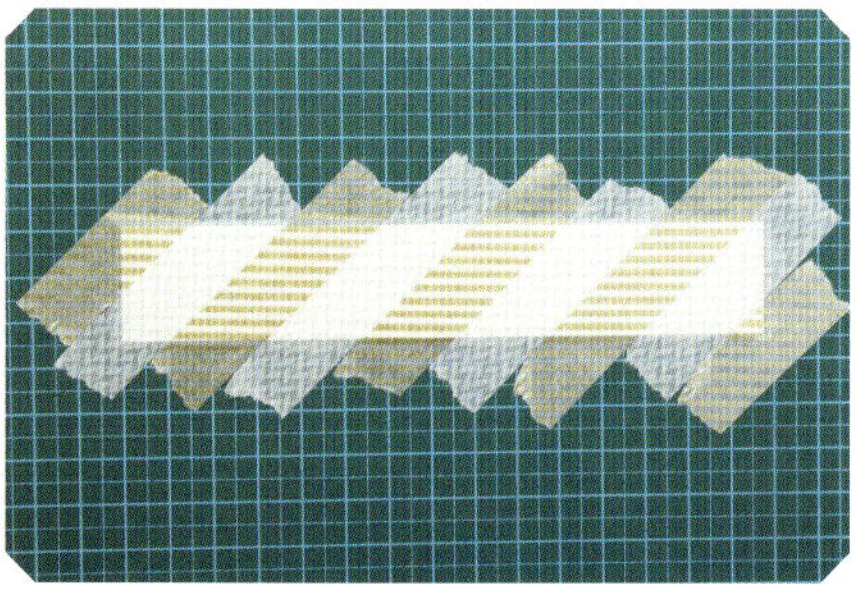

3 Ⓓに、２種類のマスキングテープを斜めに貼ります。すき間のないように全面を埋め、紙の縁に沿ってカットします。さらに、これを半分に切り分けます。

4 Ⓒに、賀詞のスタンプを押します。ここでは、Ⓒの幅からはみ出さないように、インクを全面につけた後で不要な部分をマスキングテープでカバーしました。
※賀詞は自分で書いても良いでしょう。

5 Ⓒの下辺にマスキングテープを1mmくらい重ねて貼り、紙の縁に沿ってカットします。残りのテープを上辺にも同様に貼り、カットします。

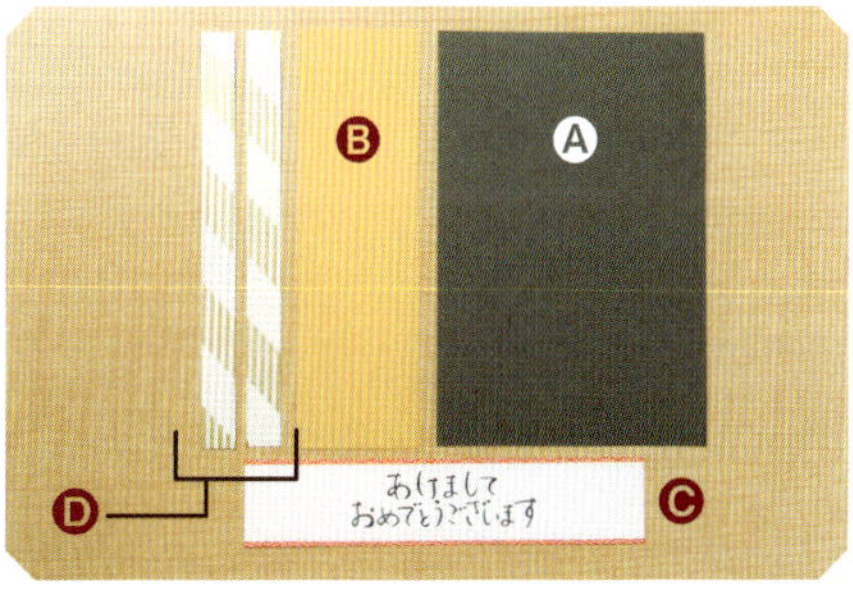

6 パーツの飾り付けが終わりました。

7 Ⓑの四辺の端にテープのりをつけ、Ⓐの中央に貼ります。左右のはみ出しは裏側からカットします

8 二つにカットしたⒹの裏にテープのりをつけ、Ⓑの上下に貼ります。左右のはみ出しは裏側からカットします。Ⓒも同様に中央に貼り、はみ出しはカットします。

できた！

あけまして
おめでとうございます

9

完成です。

あけまして
おめでとうございます
あけまして
おめでとうございます

和紙の色を変えて作るとバリエーションが楽しめます。

配色のバリエーション

同じデザインでマスキングテープの色を変えました。

かわいいテープを使ってすき間なく繰り返し貼れば、全体を華やかに印象付けられます。

参考作品

折り鶴のシールがアクセントに。

ここで使用している「和紙シール」は、和の雰囲気づくりに、あると便利です。
さまざまな種類が市販されているので、年賀状に適したおめでたいモチーフを探してみましょう。

ご祝儀袋をイメージして作りました。

あけまして
おめでとうございます
本年もよろしくお願い致します

シックな色のテープ3種＋黒のラインで、キリッとした印象に。

テープをいろいろな長さにちぎって貼ると、動きが出て楽しいです。

迎春

Happy New Year

縦方向に裂いたマスキングテープを貼りました。

あけまして
おめでとうございます

重ねて貼れば、マスキングテープの「透け感」が楽しめる一枚に。

Happy New Year

はがき全面を埋めるようにテープを貼って。

謹んで
新年のご祝詞を
申しあげます
元旦

短冊のようにカットした紙を重ね合わせました。

あけまして
おめでとうございます

赤を基調にすれば、
お祝いムードが
より伝わりそうです。

細長くカットしたテープを
斜めに貼って。元気が出る
ビタミンカラーを使いました。

Happy New Year

あけまして
おめでとうございます

扇形にカットした和紙が
印象的な一枚です。
ゴールドの紙を添えて。

紙版画

佐川ヤスコ

懐かしくて新しい「紙版画」の世界

「紙版画」は、厚紙を「版」にする版画です。小学校の図工の教科書にも載っているので、経験した事がある方も多いかもしれません。

今回は、水彩絵の具をインク代わりに使い、カラフルな紙版画を作る、私のオリジナルの方法をご紹介しています。厚紙、はさみ、絵の具…と、身近にあるものではじめられるのも魅力の一つ。

版は「紙」なので、何度も刷っていると水分を吸ってふにゃふにゃになってきます。無理して使わず、新しい版を作りましょう。使い終わった「版」は取っておいて、コラージュ作品を作っても楽しいですよ。

基本の道具・材料

はがき

厚めのマーメイド紙を、はがきサイズにカットして使用しています。表面にさざ波のような凹凸があり、紙版画に適しています。画材店などで入手できます。

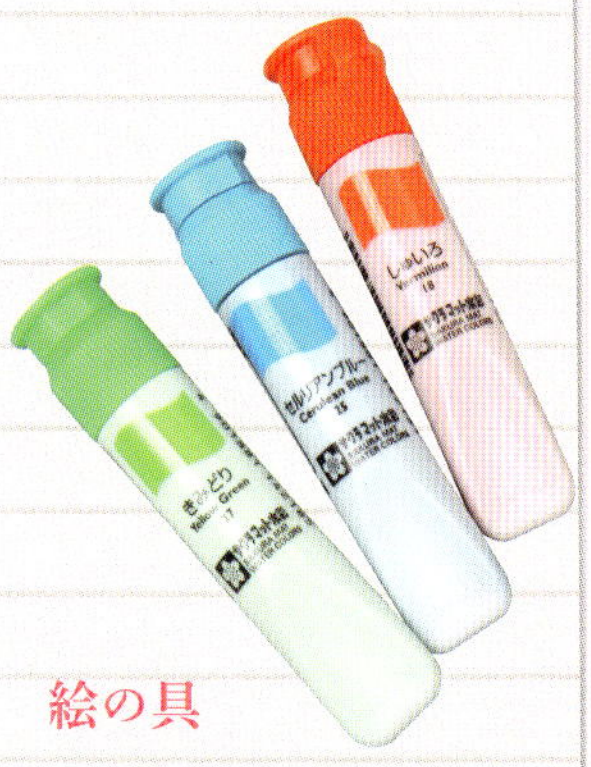

絵の具

インク代わりに使います。サクラクレパス「マット水彩®」がお薦め。使いたい色をバラで入手しましょう。セットもあります（63頁参照）。

スタンプインク

金・銀・銅など、絵の具では出せないきらきらした色を使いたい時に便利です。

ゴミ入れ

周りを汚さないよう、使用後のコピー用紙は絵の具のついた面を内側にして折り、紙袋などに入れて捨てましょう。

ローラー

ターレンスジャパン「グランドローラー60」を使用。ローラーヘッドの幅が60mmで、はがきサイズに適しています。

コピー用紙

絵の具を混ぜたり、版に色をのばしたり、刷る時の押さえ紙にしたり。多めに用意しましょう。

版にする厚紙

厚めのマーメイド紙Ａ４サイズを使用。

ばれん

学童用の安価なもので充分です。

カッティングマット

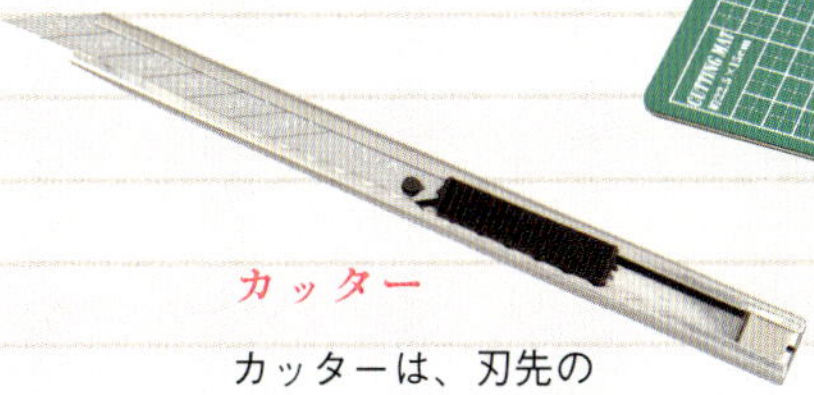

カッター

カッターは、刃先の角度が30度のものを使用しています。

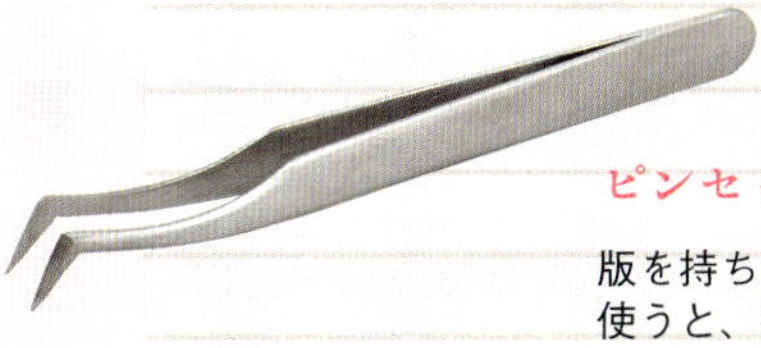

ピンセット

版を持ち上げる時に使うと、手が汚れにくいです。

はさみ

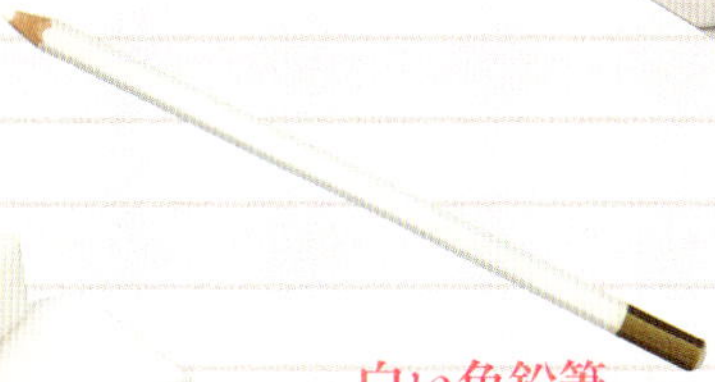

白い色鉛筆

版を置く時のアタリをとるのに使います。

消しゴム

必要に応じて消しゴムで作ったはんこを併用します。

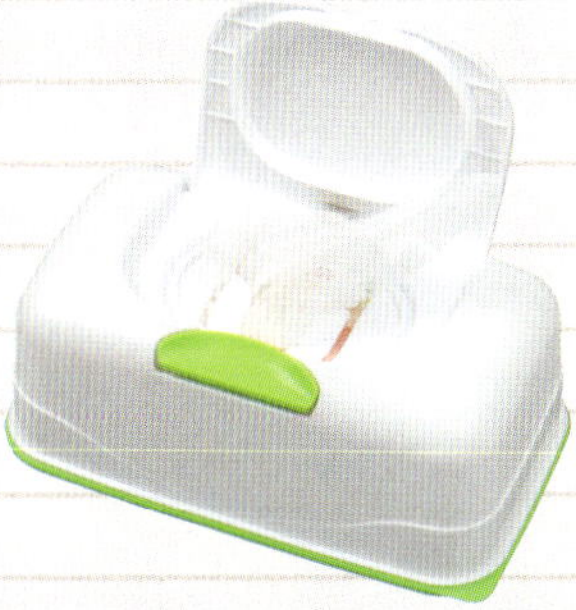

ウェットティッシュ

濡れタオルでもＯＫ。

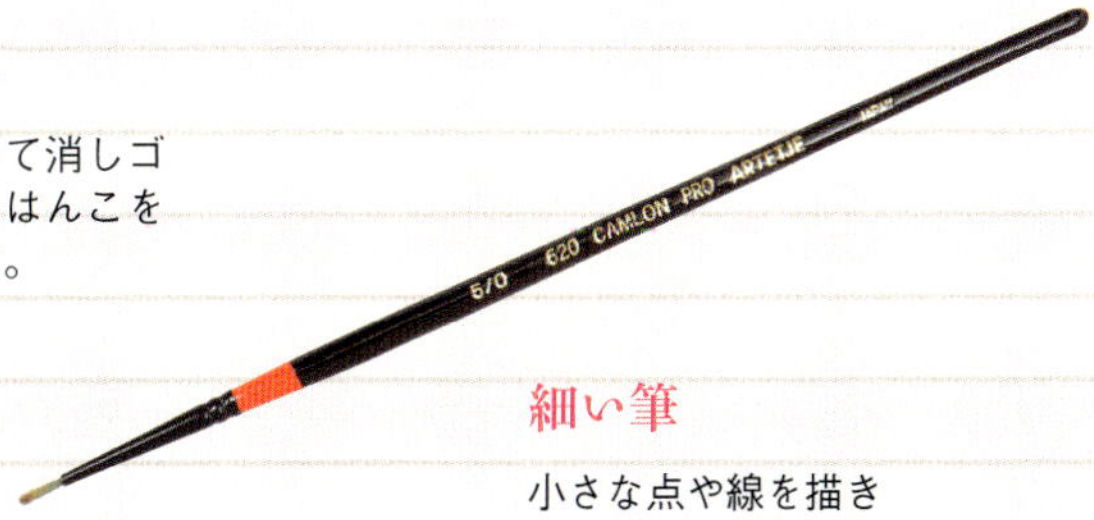

細い筆

小さな点や線を描き入れたい時に使います。

だるま

型紙は▼76頁

絵の具の量が少なすぎるとかすれてしまいますし、多すぎるとエッジがぼやけてしまいます。長い時間刷り続けていると、絵の具が接着剤がわりになり版と作品の紙がくっついてしまうので要注意。最初は違う紙で練習してみましょう。

1 鉛筆または消せるボールペンで、厚紙にダルマの絵を描きます。巻末の型紙をトレーシングペーパーで転写しても良いでしょう。

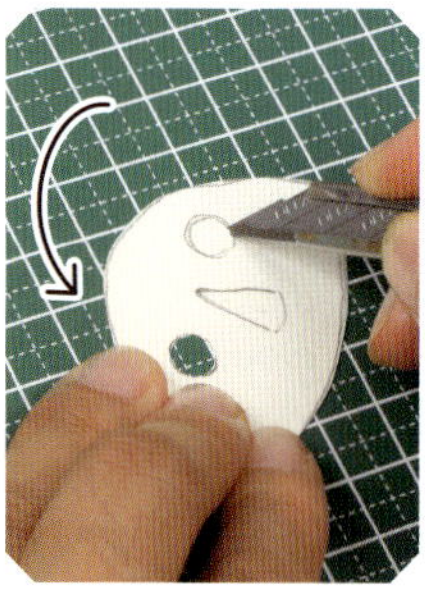

2 写真のように厚紙をカットします。くり抜きたい時は、カッターを使いましょう。円形は、紙の方を少しずつ回しながらカットすると、やりやすいです。これが「版」になります。

3 はがきに版Ⓐを重ねて刷る位置を決め、白い色鉛筆で薄くアタリをつけます。

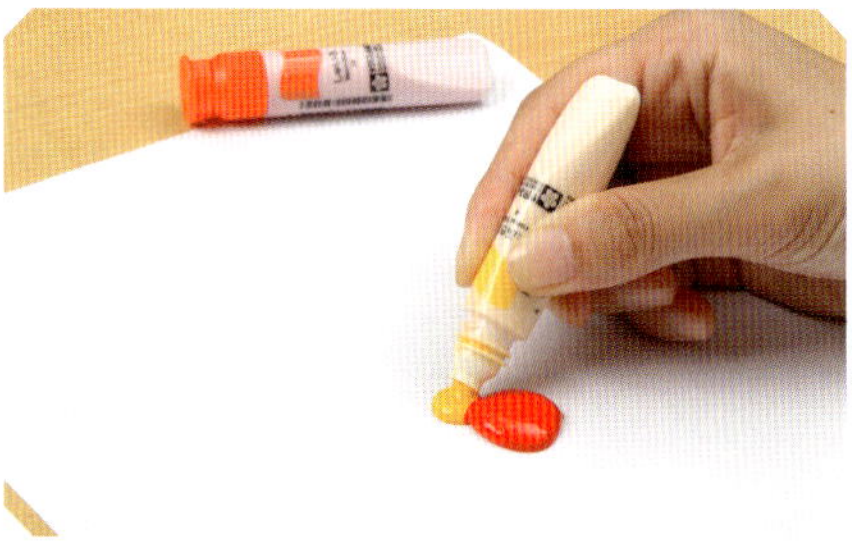

4 朱色と少量の黄色を、チューブからコピー用紙の上に絞り出して、ローラーで混ぜます。

5 コピー用紙の上に版Ⓐを重ね、ローラーで絵の具をまんべんなくのばします。必要に応じて、版が動かないようピンセットで押さえましょう。

6 一度絵の具をのばしたら、版Ⓐが絵の具を吸うのを10秒ほど待ちます。

7 インクのついていない場所に版Ⓐを置き、もう一度まんべんなく絵の具をのばします。2度塗りすることで、絵の具がしっかりつきます。

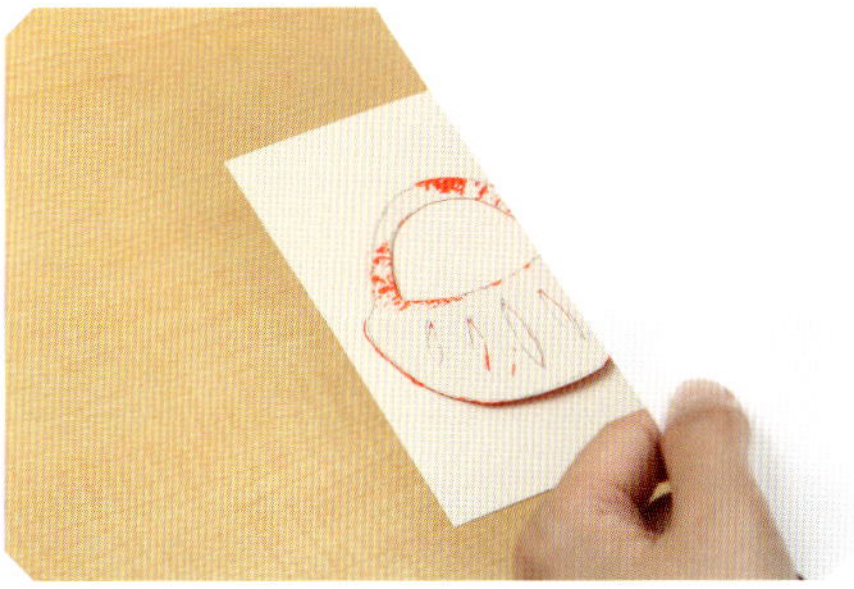

8 はがきにつけたアタリに合わせて、版Ⓐを重ねます。更に、新しいコピー用紙＝押さえ紙を重ねて、上から静かに押さえます。

9 版の位置がずれないように注意しながら、ばれんで、まんべんなく刷ります。細かな部分は、指先でこすりましょう。

10 押さえ紙をそっとはがします。

11 版Ⓐをそっとはがします。版が反り返るのでピンセットの位置を適宜持ち替えると良いでしょう。

12 ピンセットについた絵の具は、ウェットティッシュなどで拭き取っておきます。ローラーの絵の具は、水洗いして絵の具を落としましょう。

13 コピー用紙にうすだいだいを絞り出し、ローラーでのばします。

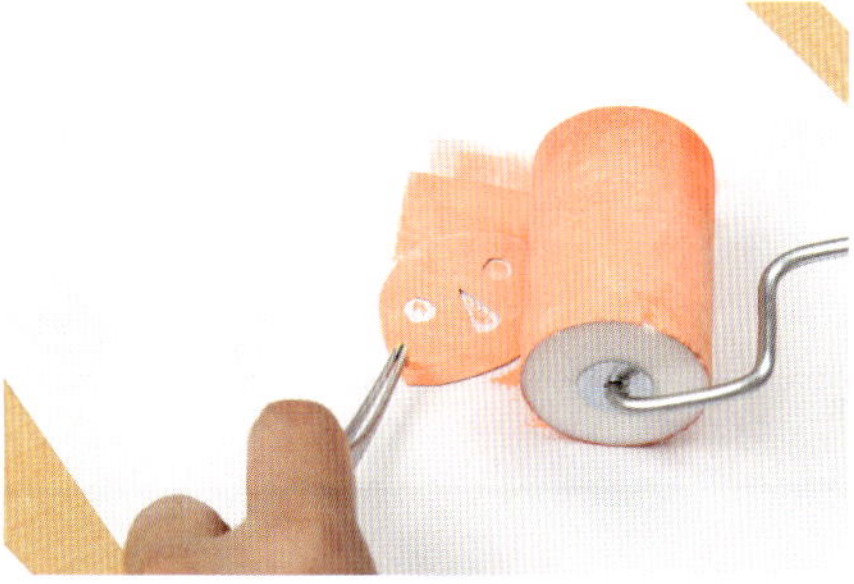

14 コピー用紙に版Ⓑを置き、ローラーでうすだいだいをのばします。2度塗りして、しっかりつけます。

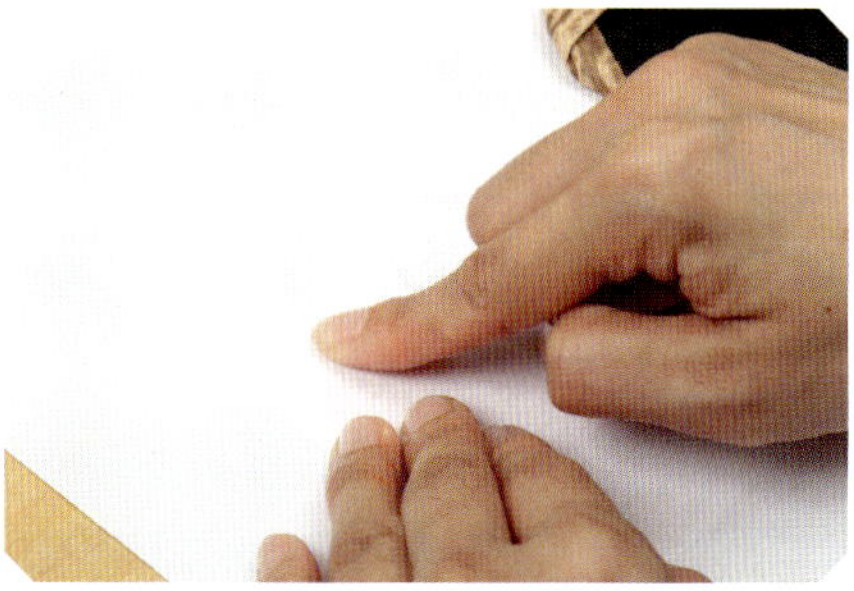

15 顔の位置に合わせて、版Ⓑをはがきに重ねます。更に押さえ紙を重ねて、版の位置がずれないように注意しながら、ばれんでまんべんなく刷ります。細かな部分は、指先でこすりましょう。

16 版Ⓑを、ピンセットでそっとめくります。

17 消しゴムで三角形のはんこを作り、チューブから絞り出したオレンジの絵の具をつけて、鼻の部分に押します。複数枚の場合は、まとめて押しておきましょう。

18 グレーを絞り出し、少量の水で溶きます。細い筆に絵の具をつけて、目→ひげ→まゆ→口の順に顔を描き込みます。自分が描きやすいように、紙の向きを動かしても良いでしょう。

表情は、まゆや口を変えるだけで、印象が変わります。笑った口元の優しい顔にしてあげても良いでしょう。

版を新しくすると同時に、色を変えても良いでしょう。

19 完成です。「版」は紙なので、何枚か刷っているうちに、絵の具の水分を吸ってへなっとなってしまいます。その時は、新しい厚紙で版を作ってください。使い終わった版は、コラージュの材料として再利用できます。

富士山

型紙は76頁

最初に大きな版から位置を決めると構図のバランスが取りやすいです。最初に富士山から刷りましょう。太陽はわざとはみ出して刷っても絵になりますし、雲を二つ三つと増やしてもよいでしょう。

1 富士山、富士山の頭、雲、太陽を厚紙に描き、写真のように切り抜きます。版Ⓐの下部は持ち手となります。

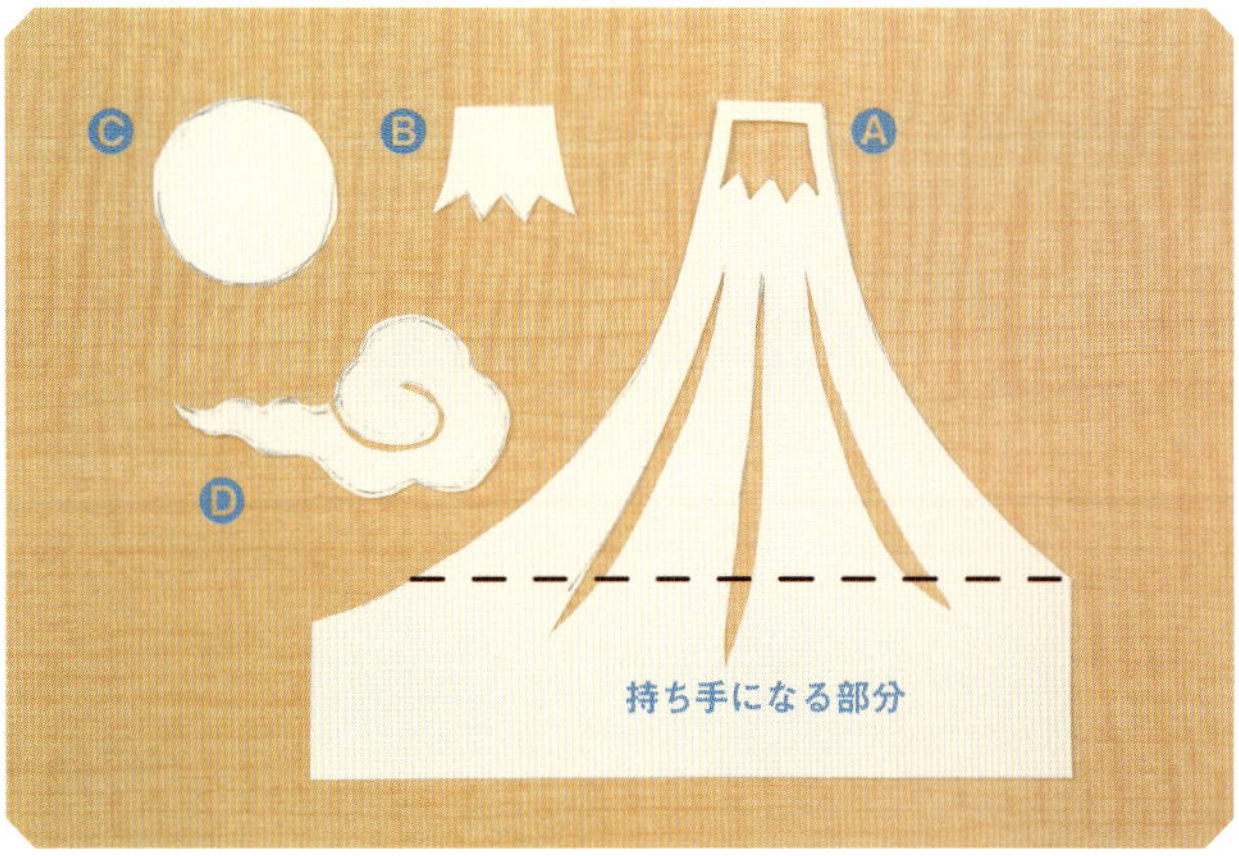

2 はがきにそれぞれの版を重ねて、白い色鉛筆で薄くアタリをつけます。

3 白と少量の黄緑をコピー用紙に絞り出し、ローラーで混ぜます。

4 版Ⓑに絵の具を２度塗りします。

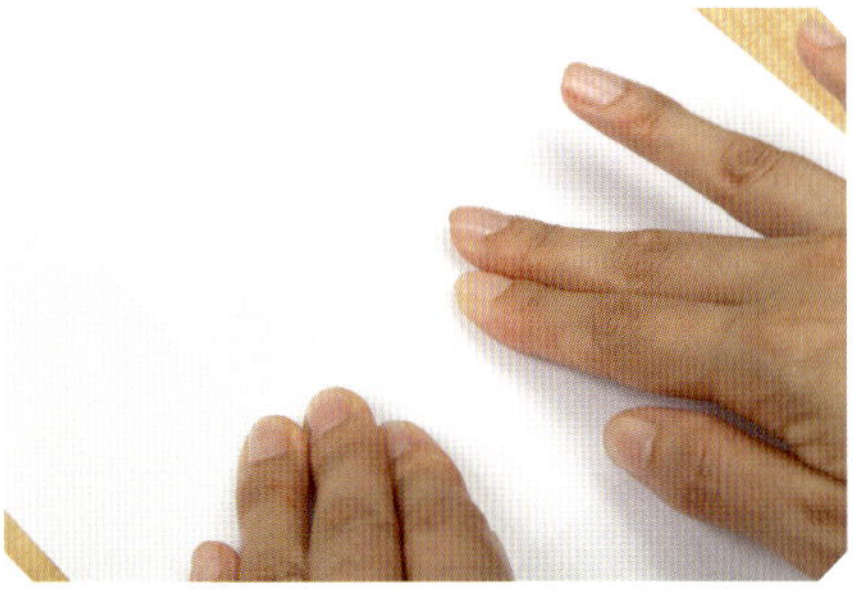

5 版Ⓑをはがきに重ねます。更に新しいコピー用紙＝押さえ紙を重ねて、指先でこすり、ピンセットで慎重にはがします。

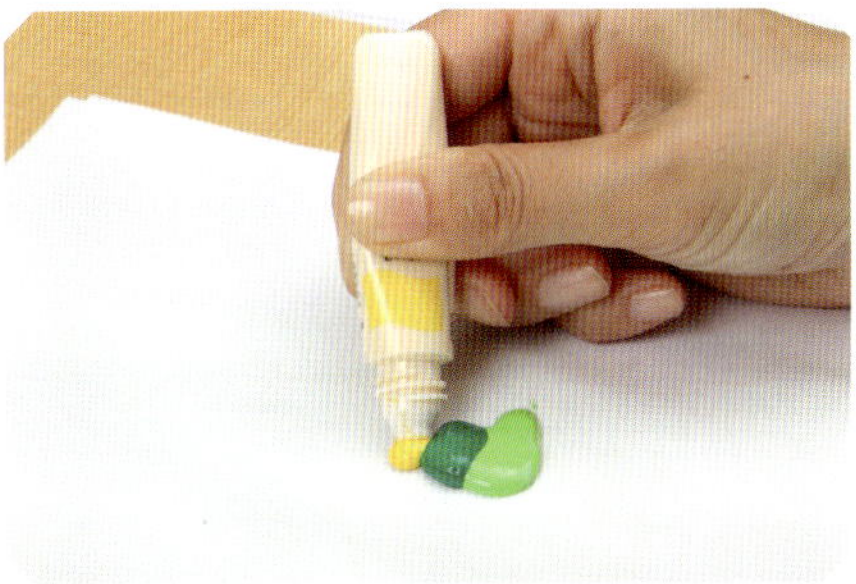

6 緑と黄緑と少量の黄色を絞り出し、ローラーで混ぜます。

7 絵の具をローラーにつけ、版Ⓐに持ち手の部分を残しながら、のばします。２度塗りしてしっかりつけます。

8 はがきの下に紙を敷きます。持ち手の部分をつかんで、はがきに重ねます。

9 押さえ紙を重ね、版の位置がずれないように注意しながら、ばれんで、まんべんなく刷ります。細かな部分は、指先でこすりましょう。

10 持ち手の部分をつかんで、版Ⓐをそっとはがします。

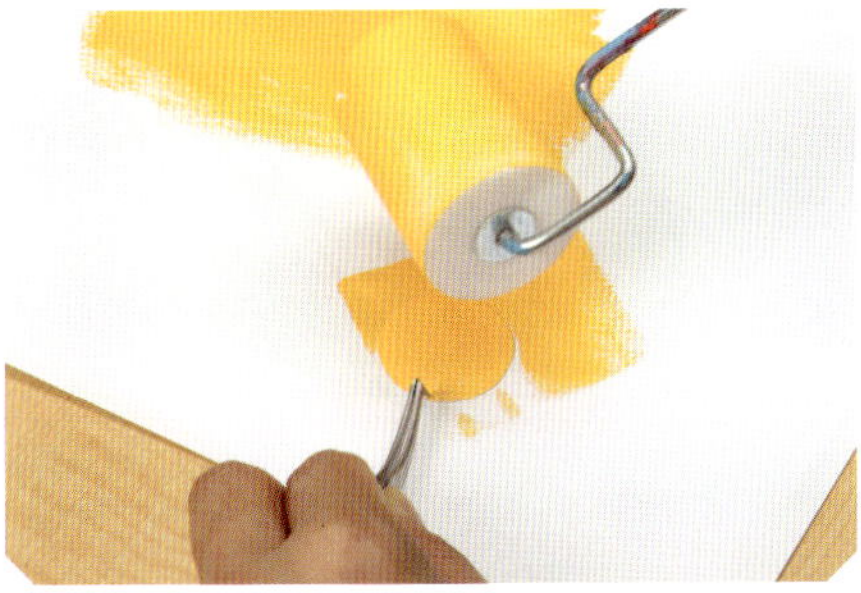

11 版Ⓒに黄色い絵の具を２度塗りし、はがきに重ねます。

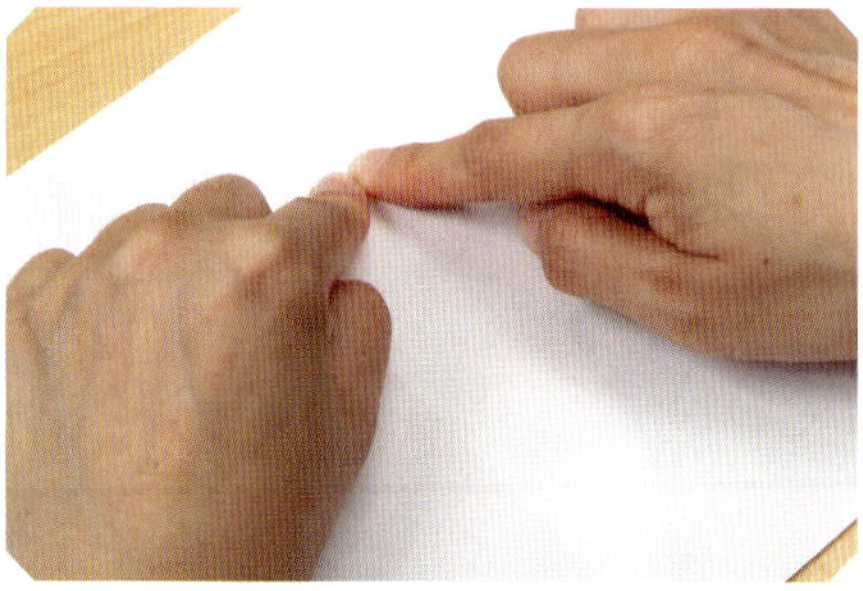

12 押さえ紙を重ね、版の位置がずれないように注意しながら、指先でまんべんなくこすり、そっとはがします。

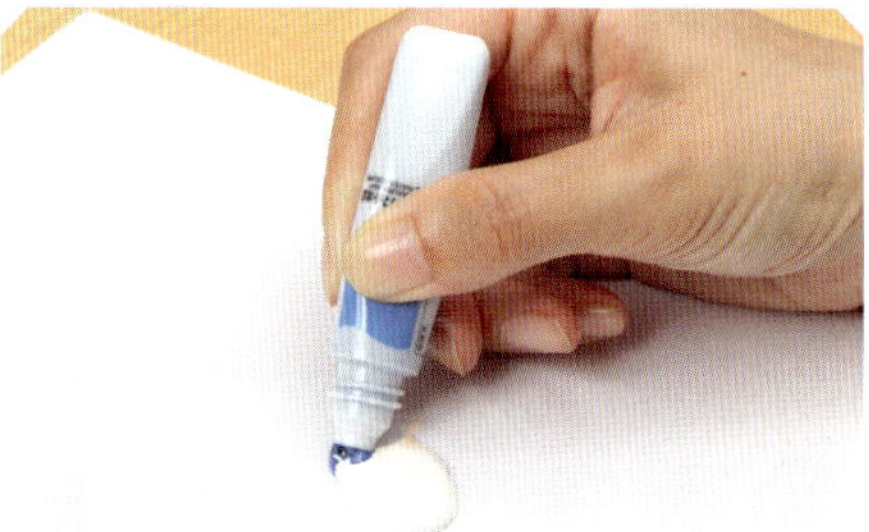

13 白と少量の青を紙の上に絞り出し、ローラーで混ぜます。版Ⓓに２度塗りします。

14 版Ⓓをはがきに重ねます。

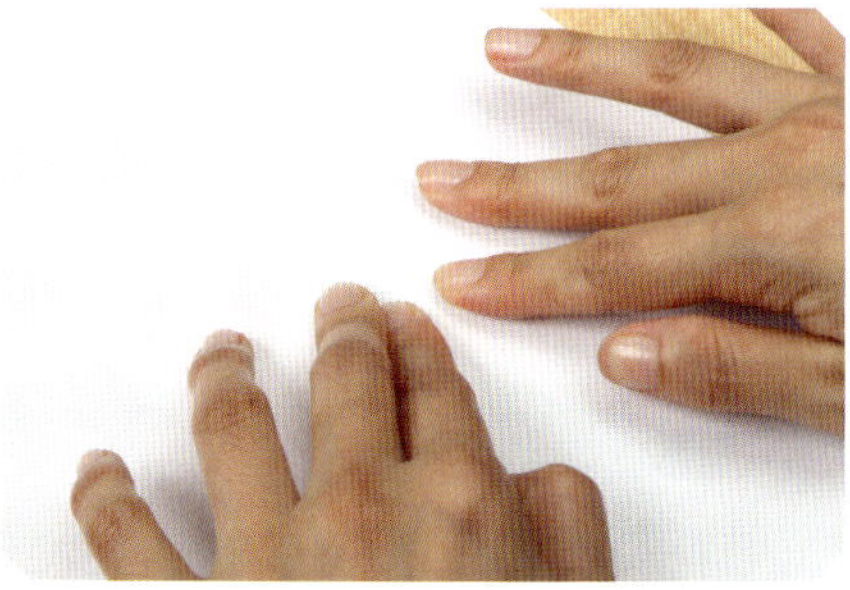

15 押さえ紙を重ね、版の端を指で押さえながら、ばれんでまんべんなく刷ります。細かな部分は、指先でこすりましょう。

16 ピンセットで版Ⓓをそっとはがします。広い方からめくったほうが、はがしやすいです。

色を
変えても
OK！

17 完成です。おめでたいことの前兆として現れる「瑞雲」は、年賀状のモチーフにぴったりです。

絵の具について

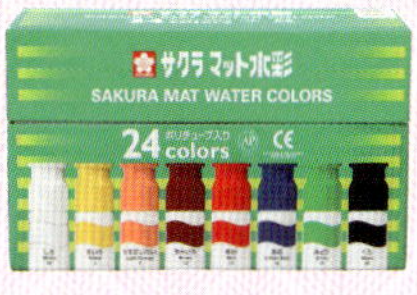

本書でインクの代わりに使用しているのは、サクラクレパスの学童用水彩絵の具「マット水彩®」です。色数が多く、手に入りやすい絵の具です。バラのほか、セットでも販売されています。

また、版画用の「版画絵具水性」も紙版画に適しています。粘度が高く、すぐに乾いてしまう心配がないので、ゆっくりと制作に取り組めます。

布やコルクなどに刷りたい時は、耐水性の「アクリル絵具」を使いましょう。

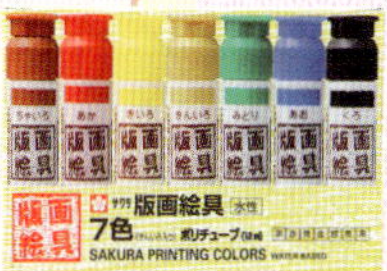

※サクラクレパスでは、学童用を「絵の具」、それ以外を「絵具」と表記しています。

参考作品

薄い色から濃い色へと、順に刷りましょう。濃い色の上に薄い色を刷ってもあまり見えません。

消しゴムはんこをプラス

小さな形を入れたい時は、消しゴムはんこが便利です。上の例では、扇の紐は筆で描き、紐の先は三角形に彫った消しゴムはんこを使用しました。三角形のほか、円形や四形角などを用意しておくと、いろいろ使えます。

松竹梅を淡い色で刷り、その上から赤い円モチーフを刷ります。多少ずれると思いますが、そのズレがまた素敵な雰囲気になります。ズレるのが気になる方は、松竹梅の版をやや大きめに作っておきましょう。まわりの円は、大小の消しゴムはんこで、残った色を使って押しましょう。

白と青の絵の具をあまり混ぜすぎずグラデーションになるような色を作り、雲を刷ってから、バランスを見て好きな位置に梅を刷りましょう。

四角のモチーフを刷ってから、松竹梅をそれぞれ刷り重ねます。版と版をぴったりと合わせようとしないのがコツ。ふちが多少重なるくらいが手づくりのぬくもりが感じられます。

紋切り遊び

下中菜穂

忘れられていた江戸の遊び

紙を折って型紙の通りに切る。そっと開くと手の中にふわりと美しい形が舞い降ります。次々に出来上がったその形は「家紋」。これが「紋切り遊び」です。もとは職人の技術でしたが、昭和のはじめの頃までは遊びとしても楽しまれてきたのに、すっかり忘れられていました。今、「家紋」と言って思い浮かべるのは、お墓や時代劇、歌舞伎、狂言…。そんなところでしょうか。切り紙や遊びとはなかなか結びつきませんね。ところが「紋帖」という、家紋を描くための書物を見てびっくり。そこには植物、動物、暮らしの道具、月や星、波や霞《かすみ》のような形のないものまで、森羅万象がびっしり並んで、まるで博物図鑑。文様やデザインのアイデア集であるだけでなく、そこからはいろいろなことが見えて来ます。私達のご先祖さまはこんなふうに自然を見て来たのか。なんという遊び心！ こんな愉快な人達だったんだ。…など。これは日本のお宝！ 忘れてしまうなんてもったいない。私達もこの暮らしの中で育《はぐく》まれてきた日本の形を使って工夫して、次の世代に手渡していきたいものです。みなさんもぜひ「伝える」人になってください！

基本の道具・材料

はがき（台紙）

白やクリーム色だけでなく、濃い色やポップな色にも挑戦してみて。

紙

どんな紙でも。いろいろ工夫してみてください。

スティックのり

仮留め用に使います。貼ってはがせるものもあります。

カッティングマット

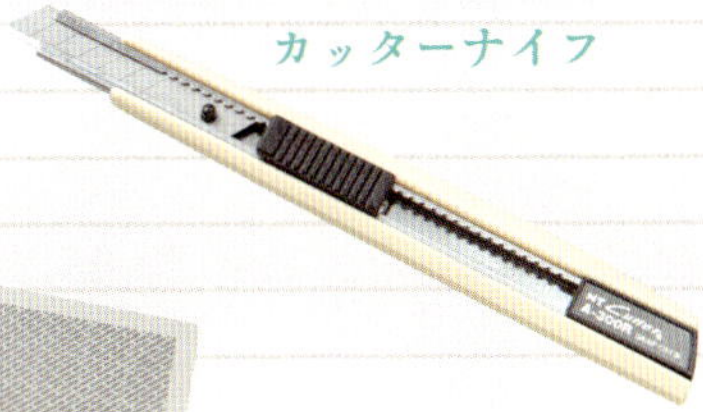

カッターナイフ

スプレーのり

切った紙をはがきに貼る時に使います。やまとのりでもOKです。スプレーのりを使う時は、段ボール箱と古新聞を利用して周りに飛ばないようにします（69頁参照）。

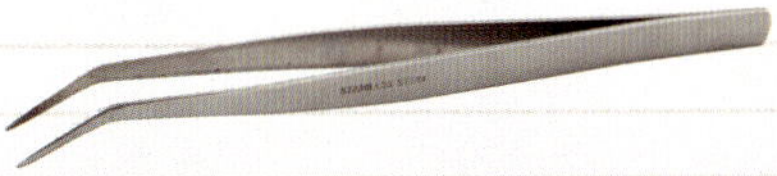

ピンセット

必ずしも必要というわけではありませんが、紙を貼る位置を微調整したい時にあると便利です。

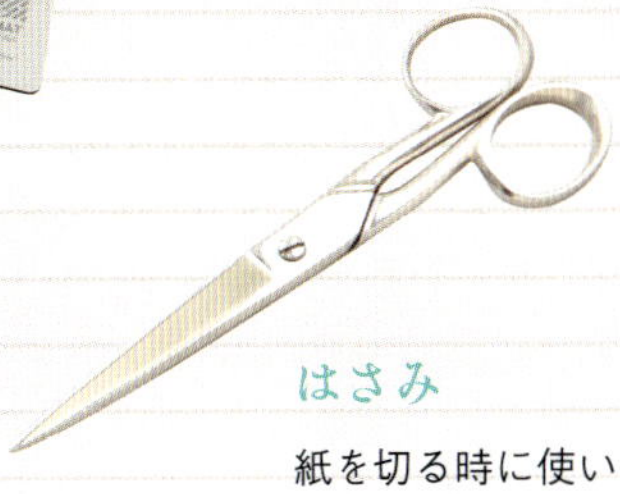

はさみ

紙を切る時に使います。

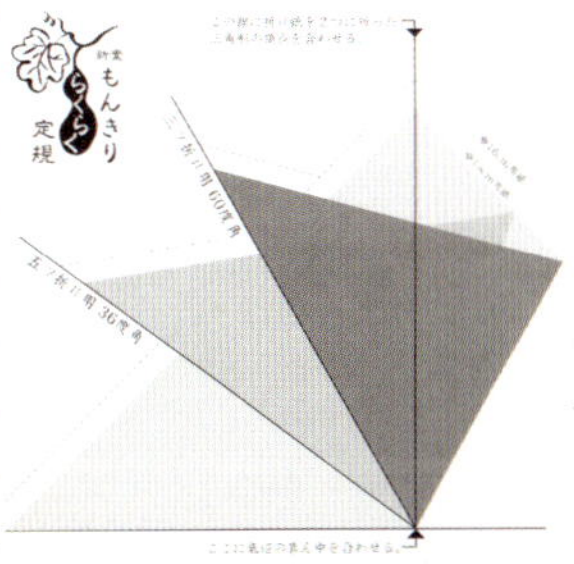

「もんきりらくらく定規」

紙を「五ツ折り（70～71頁参照）」する時に、あると便利です。本書78頁に掲載しています。

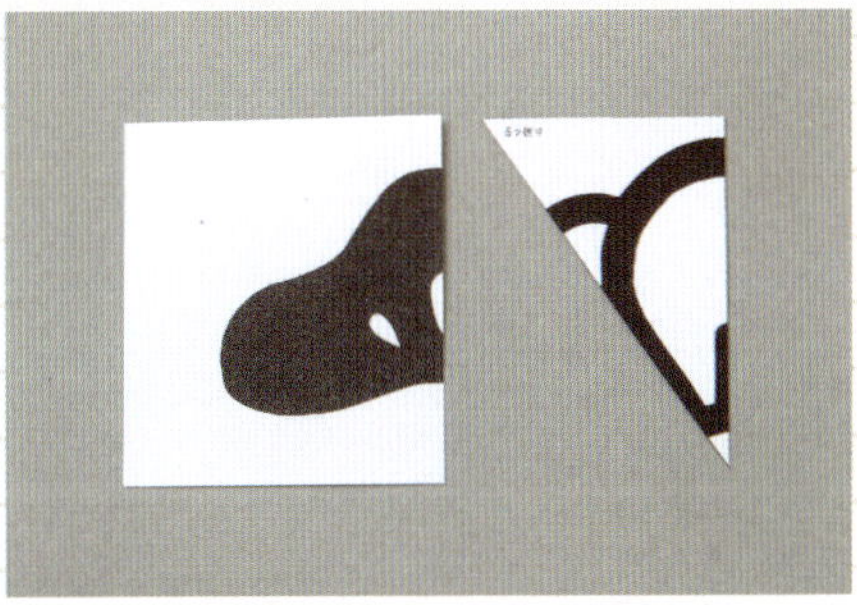

型紙

本書77頁の型紙を、必要枚数分コピーしてください。あるいは薄い紙を上に置いて写し取ってください。拡大・縮小しても。

カッターのお手入れ

カッターの刃は、切れ味が悪くならないように、まめに折りましょう。切れ味が良いと、シャープに仕上がります。折った刃は、危険のないよう処分しましょう。

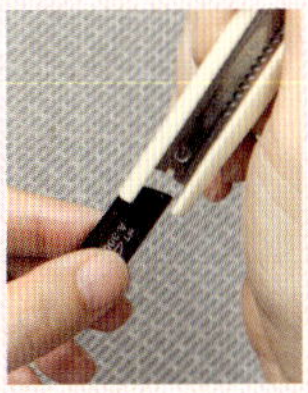

カッターの後ろについているパーツ（折り具）を外します。

カッターの刃を一目盛り分だけ出し、パーツの溝に差し込みます。なるべく刃に近いところを両手で持ち、刃の筋が山折りになるように、折ります。

光《こう》琳《りん》松《まつ》

▼型紙は77頁

冬なお青々と茂る生命力溢れる松。それは神様が降り立つ目印です。先祖達は、芳しい樹の生気に触れることで私達の魂が揺さぶられ、新しく生まれ変わると考えてきました。新年にふさわしい形を贈りましょう。

1 まず、紙を縦半分に折ります。これを「一ツ折り」といいます。

2 コピーした型紙の裏に、点々とスティックのりをつけます。あとではがすので、2、3ヶ所でOKです。

3 折り山（輪）に型紙の端を合わせて重ね、仮留めします。

4 型紙の白い部分を、細かな部分から切っていきます。切りやすいように紙を回しながらカッターで切り抜きます。

5 折り山にかかっている部分は、はさみでも切り取れます。

6 型紙の輪郭線に沿って、切り取ります。

7 すべて切り終えたら、型紙をそっとはがします。

8 ゆっくりと広げれば、「紋切り」の完成です。慣れてきたら何枚か重ねて切ると、一度にたくさん作れます。

9 山と太陽は、フリーハンドで切ります。

10 段ボールを立てて、囲いを作ります。内側に古新聞を敷き、「紋切り」を裏返しにして置いて、30cmほど離れたところからスプレーのりを吹きつけます。スティックのりややまとのりを全面に塗ってもＯＫです。

11 それぞれをはがきに貼ります。位置を直したい時は、ピンセットを使うと便利です。

できた！

12 完成です。

陰《いん》八《や》重《え》梅《うめ》

型紙は▼77頁
「もんきりらくらく定規」は▼78頁

まだ凍えるような寒さの中、春は梅の花を数えるように、ぽつりぽつりとやってきます。五弁の花の美しい対称図形。これが思いもかけず簡単にできるのが、「もんきり」の真骨頂です。ぜひお試しを！

1 正方形の紙を三角に折ります。

2 更に半分に折って、底辺の真ん中に折り印（折り筋）をつけます。

3 「もんきりらくらく定規▶78頁」に紙をのせて、底辺の真ん中を合わせます。

4 「もんきりらくらく定規」の「五ツ折り用36度角」のラインに合わせて折ります。

この辺同士をそろえる

5 更に右側に倒して、折り山同士がそろうように折ります。

6 裏返しにします。

この辺同士をそろえる

7 左側に倒して、折り山同士がそろうように折ります。

この辺同士をそろえる

8 更に右側に倒して、折り山同士がそろうように折ります。これで「五ツ折り」ができました。

9 「五ツ折り」の先端に型紙の先端を合わせて、仮留めします。

10 カッターやはさみで切り抜き、丁寧に開きます。

11 線と丸は、フリーハンドで切ります。

12 スプレーのりを吹きつけて、はがきに貼ります。すべて貼り終えたら、裏返してはみ出し部分をカットします。

13 完成です。

小粋で
華やか！

「光琳松」と「陰八重梅」のバリエーション

光琳松

「一ッ折り」で、切るのも簡単で、シンプルな形です。色、紙質、大きさなどを変えて、たくさん作ってみましょう。たくさん作っているうちに、なんだかクラゲに見えてきました。この形を見れば誰でも「松」とわかるというのも、日本の文化なのでしょうか。丸や三角、四角、山形などとの組み合わせも楽しんで!

陰八重梅

はがきの大きさに入れようと小さく作らず、思い切ってはみだしてみましょう。ちらりと覗くデザインは余白を生み、外の世界の広がりを想像ます。かえってゆったり見えませんか？

　これも日本の美学です。切り抜いた残りの部分も並べて使えば…う〜ン。捨てるところはありませんね。

参考作品

77頁の型紙を適宜拡大縮小して使用しましょう。

日向《ひゅうが》爪《つめ》形《がた》光琳《こうりん》梅《うめ》

にっこと笑ったような梅の花！　花が開きかけのことを「笑いかけ」といいます。

双瓢《ふたつひさご》

瓢箪《ひょうたん》の胴の中空には魔力があると考えられてきました。生命力が旺盛《おうせい》で、どんどん成るのもめでたいしるし。六つ並べば「六《む》瓢《びょう》＝無病」とも。

本書では、500種近い型紙（紋切り型）の一部をご紹介しました。ご興味のある方は下中菜穂の著書をご覧ください。

型紙 など

だるま

作品は▼56〜59頁

富士山

作品は▼60〜63頁

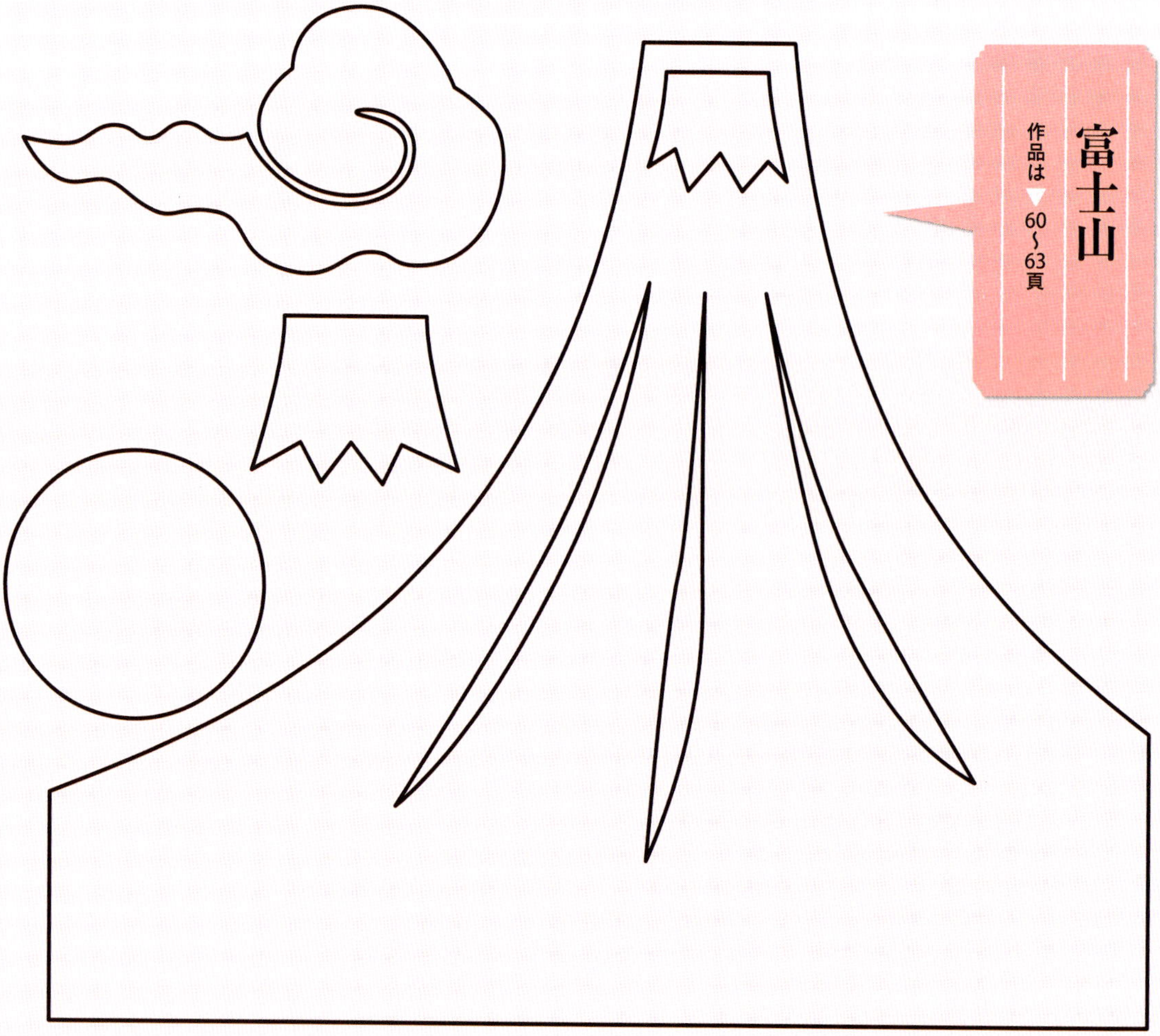

光琳松

作品は▼68～69・72頁

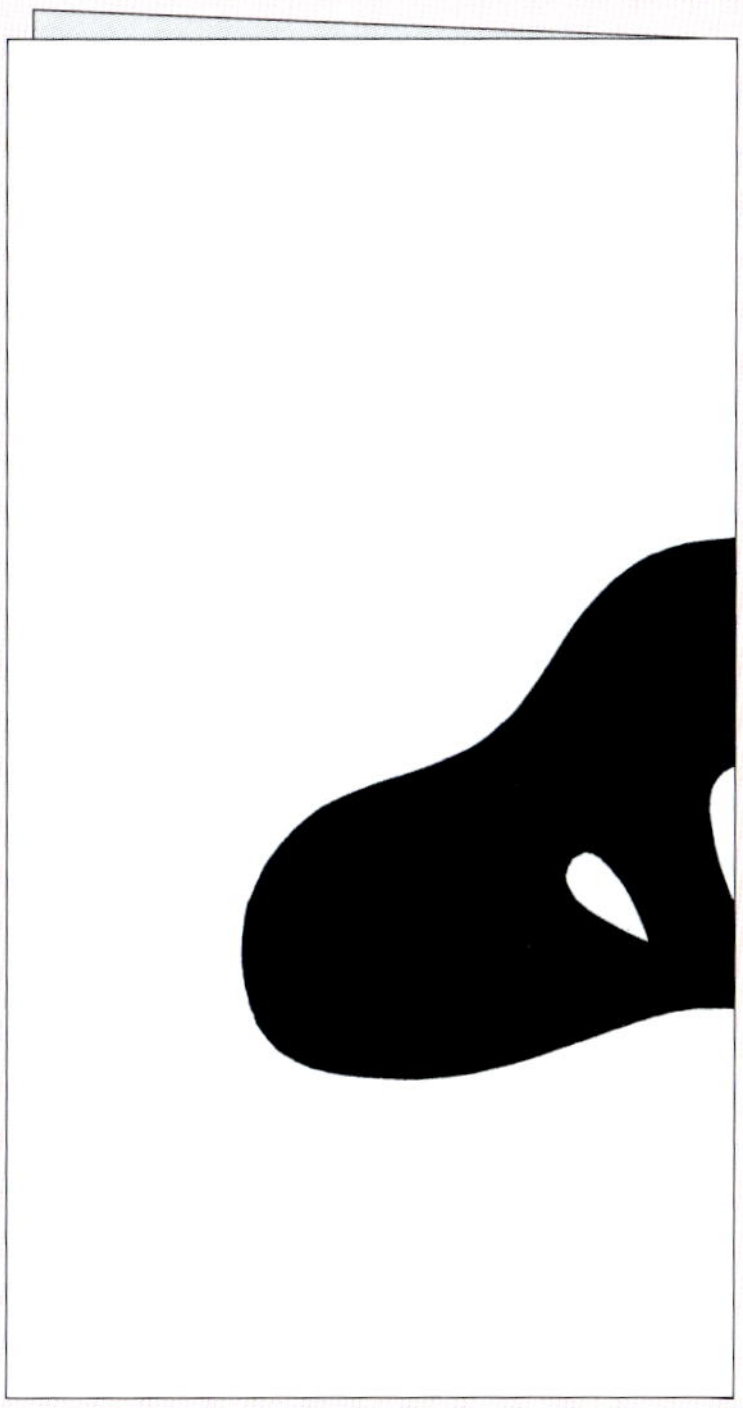

陰八重梅

作品は▼70～71・73頁

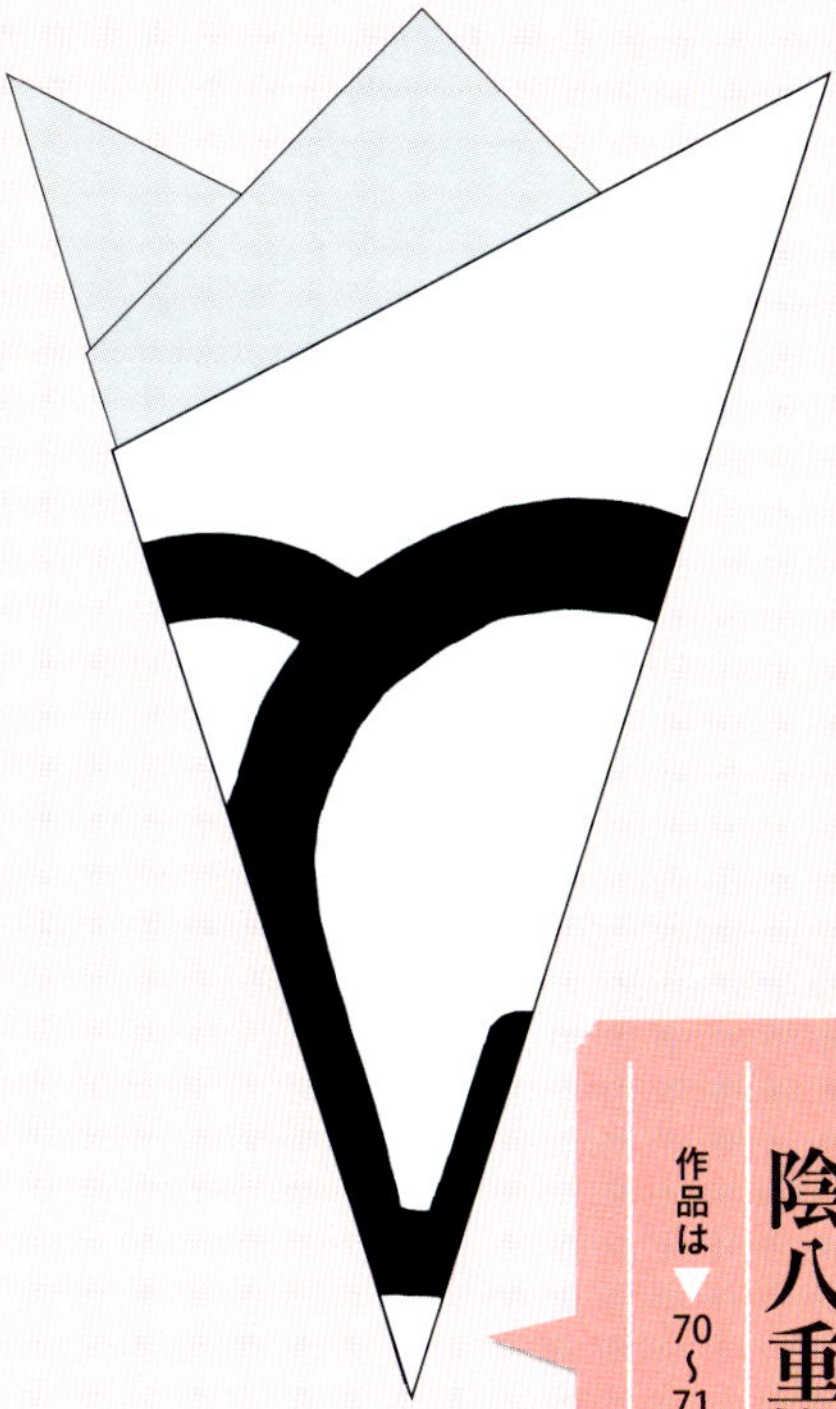

日向爪形光琳梅

作品は▼74頁

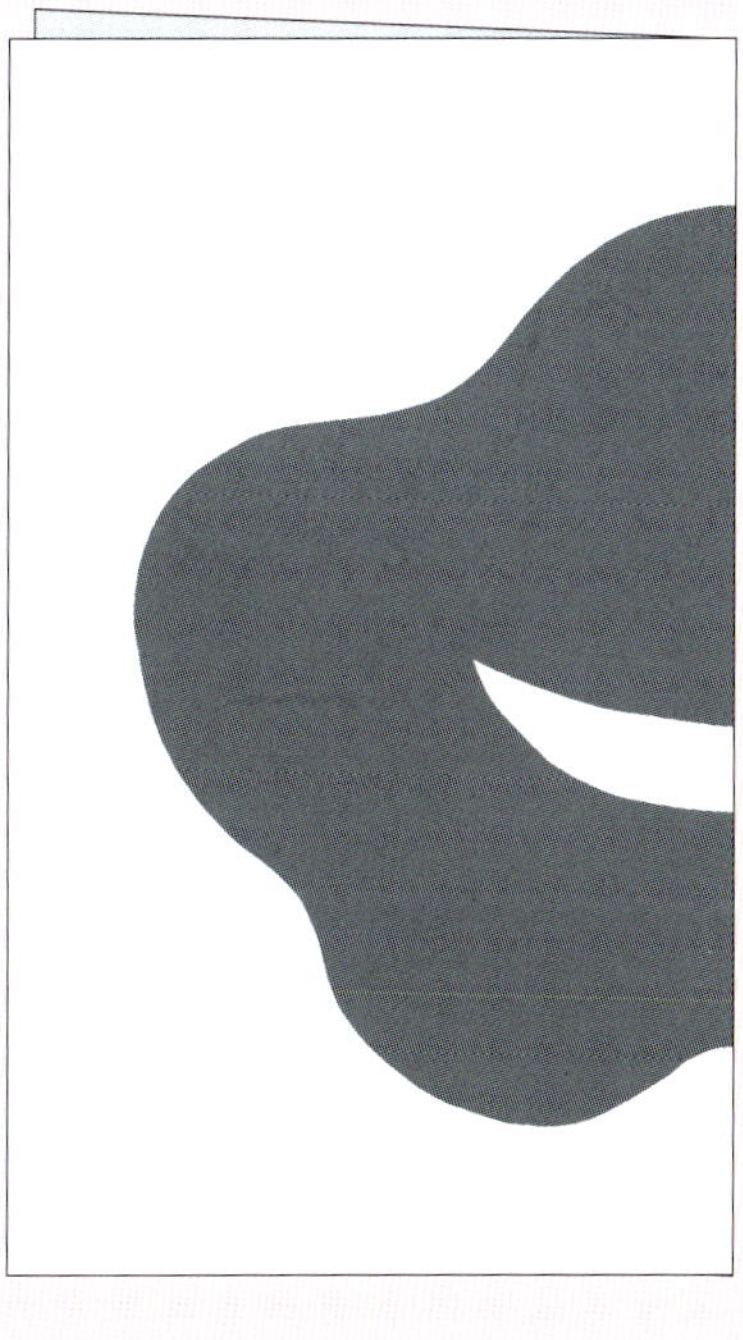

双瓢

作品は▼75頁

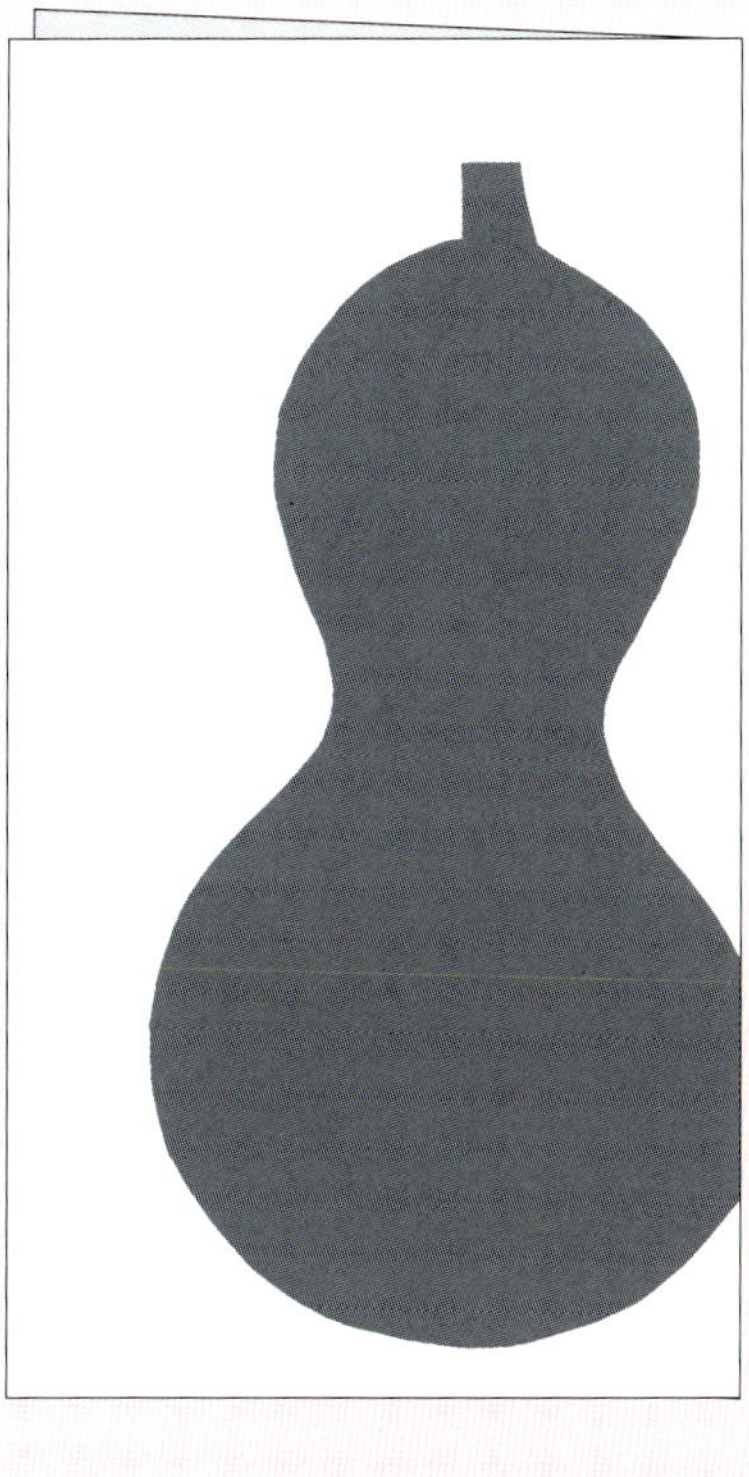

型紙は、必要枚数分をコピーして、あるいは薄い紙に写して使用してください。

新案 もんきり らくらく定規

使い方は▼70〜71頁

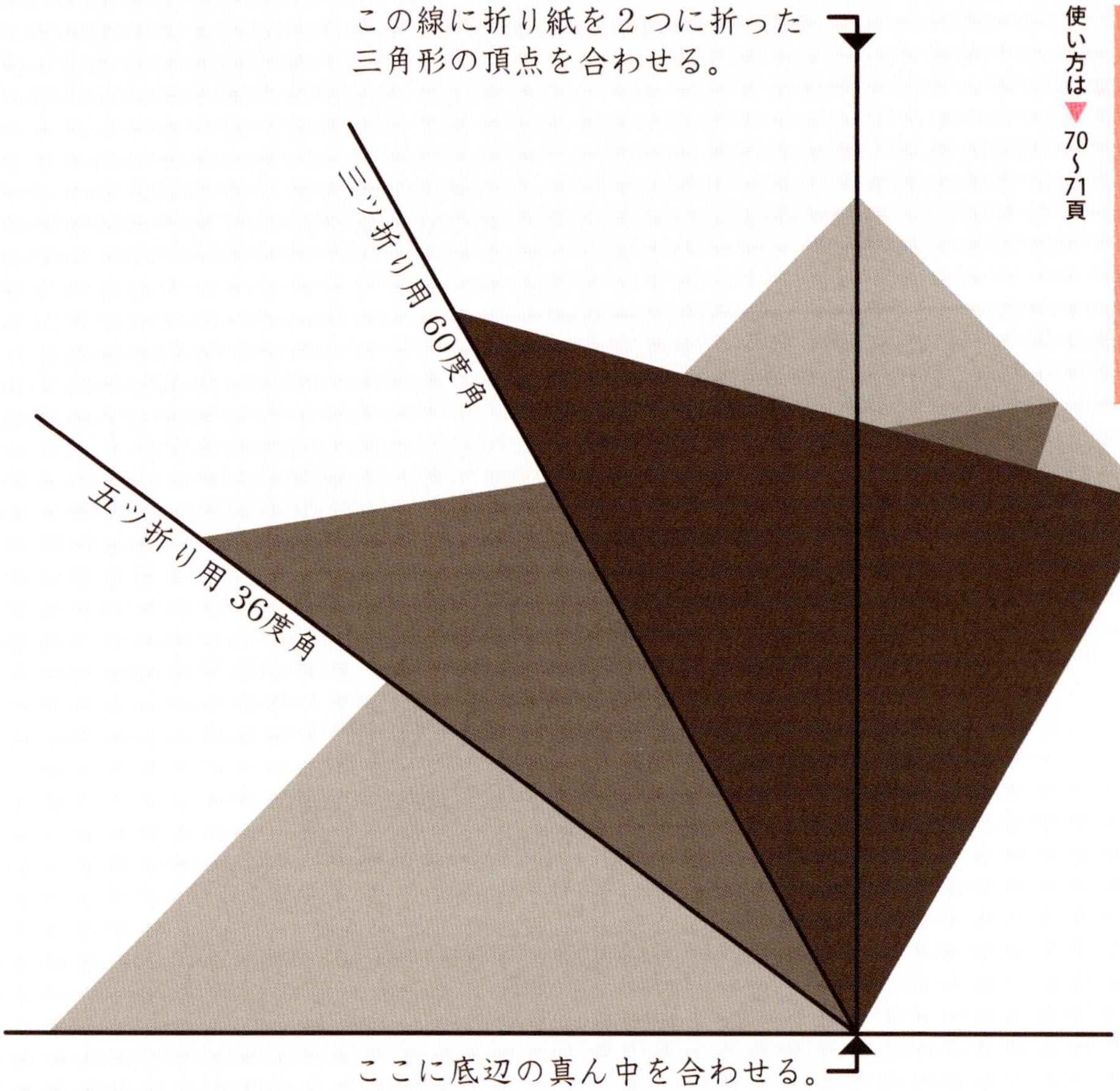
この線に折り紙を２つに折った
三角形の頂点を合わせる。
三ツ折り用60度角
五ツ折り用36度角
ここに底辺の真ん中を合わせる。

本書で登場しなかった「三ツ折り」の折り方手順をご紹介します。

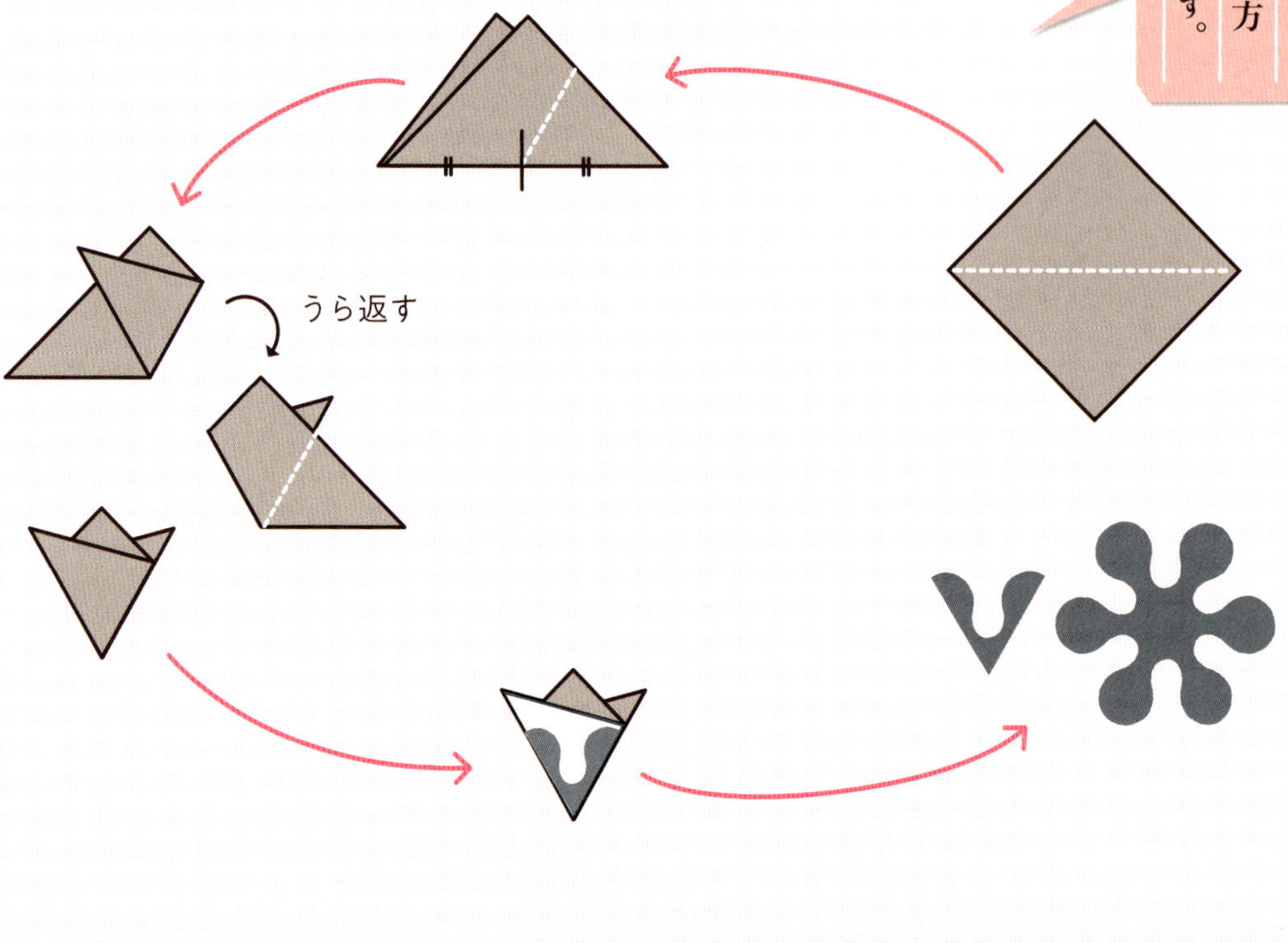
うら返す

作家略歴
（50音順）

下中菜穂
（しもなか なほ）

造形作家、もんきり研究家。東京造形大学講師。文様、切り紙、暮らしの手仕事や文化を研究、その普及に力を入れている。著書に『ガジェットブックス シリーズかたち　紋切り型』（エクスプランテ）、『切り紙 もんきりあそび』（宝島社）、『こども文様ずかん』（平凡社）などがある。

ウメチギリ
（うめちぎり）

梅津郁子。ちぎり絵作家。2002年より作家活動を開始。自己流のちぎり絵で「ウメツがチギっているからウメチギリ」という発想のもと、オリジナルのちぎり絵作品を数多く制作。著書に『まる得マガジン　思いのままに“自分流”ちぎり絵』（日本放送出版協会）がある。米沢市在住。

丹花浩子
（たんが ひろこ）

「芋版」をテキスタイルデザインとして雑貨などを制作。現在、「芋版クラフト」の楽しさを少しでも多くの人に知ってもらうため、自宅の「芋版クラフト」教室を中心に、講座やワークショップを開催。オーダによるオリジナル商品（バック・額絵・ポストカード等）を制作販売。東広島市在住。

オリボン社bora
（おりぼんしゃ ぼら）

消しゴムはんこ作家。2006年より、「オリボン社bora（ぼら）」として、京都や大阪の手作り市を中心に活動を始める。雑貨店やギャラリーなどで展示や販売などを経て、最近では、企業から依頼された仕事や展示などを中心に活動。書店や文房具店などで店頭実演や教室も行っている。

LEAF & LeaF
（りーふ りーふ）

福田潤子。ペーパークラフト作家、クラフト講師、手作りペーパーアイテムのお店「LEAF & LeaF SHOP」代表。カード、タグ、ウェディングペーパーアイテム、紙雑貨など、紙で作るあらゆるものをデザイン・制作。ブライダル情報誌「ゼクシィ」などにも掲載される。横浜市在住。

佐川ヤスコ
（さがわ やすこ）

1999年、武蔵野美術大学卒業。文具会社・雑貨会社を経て、イラストレーター＆グラフィックデザイナーとして独立。出張紙版画ワークショップで首都圏を中心に全国を飛びまわる。著書に『かんたん楽しい紙版画』（マガジンランド）がある。

画材協力

株式会社シード

（18～27頁の消しゴム板）

〒534-0013

大阪市都島区内代町3-5-25

電 話：06-6951-5436（代表）

FAX：06-6954-7851

HP：http://www.seedr.co.jp/

有限会社こどものかお

（42～53頁のスタンプ）

〒164-0003

東京都中野区東中野3-12-2

電 話：03-3360-9806（代表）

FAX：03-3360-9805

HP：http://www.kodomonokao.com

和《わ》モダン手《て》づくり年賀状《ねんがじょう》

ちぎり絵《え》・消《け》しゴムはんこ・芋版《いもはん》クラフト・スタンプ＆《アンド》コラージュ・紙版画《かみはんが》・紋切《もんき》り遊《あそ》び

●定価はカバーに表示してあります

2015年9月25日　初版発行

編　者　日貿出版社《にちぼうしゅっぱんしゃ》

発行者　川内長成

発行所　株式会社日貿出版社

東京都文京区本郷5-2-2　〒113-0033

電　　話　(03)5805-3303（代表）

F　A　X　(03)5805-3307

郵便振替　00180-3-18495

印　　刷　株式会社ワコープラネット

撮　　影　糸井康友

写真提供　丹花浩子（28・30～35頁）／各作家（79頁　イラストも）

図版提供　株式会社エクスプランテ（66～77頁）

撮影協力　株式会社エクスプランテ　松田牧恵、西村美紀（66～71頁）

ISBN978-4-8170-8214-5　　http://www.nichibou.co.jp/